教室の 荒れ・問題行動対応ガイド

古田直之 著

明治図書

はじめに

「学級が落ち着かなくて……」

そんな言葉をよく耳にするようになりました。

飛び交う奇声。頻発する暴力行為。虚しく響く先生たちの指導。日に日に状況が悪化していく教室。不安で眠れない夜。疲弊していく心。心の病で病休する同僚。やってこない欠員補充。回らない学校。笑顔と余裕がなくなっていく職員室……。

このような負の連鎖が続いている学校がたくさんあるのではないでしょうか？　私も経験したことがありますが、このような状況に陥ると、なかなか抜け出すことは難しいものです。みんな自分のことで手一杯。他の人のことを思いやる余裕などないのですから、状況がよくなるわけはありません。そんな苦しい状況の中、先生たちに求められる力は日に日に増していきます。私の勤務校の若い先生たちも苦労しています。若い教師が大学で教えてもらえるのは「正しすぎる論理」だけです。

・常に笑顔で子どもたちに寄り添おう

・子どもたちがわかる、できると感じられる授業をつくろう

・ゲートキーパーとしての自覚をもち……

確かにこれらはすべての先生たちが意識しなければならないことです。しかし、先生といっても一人の人間です。先生たちを取り巻く環境は全く改善されないのに、責任だけは重くのしかかる。そんな状況では心の病を抱える先生が増加するのもしかたのないことでしょう。

大学では教科教育について学ぶけれど、問題行動対応へのイロハは何一つ学ばない。学習指導要領の解釈は学ぶけれど、保護者対応のイロハは教えてもらえない。これは銃弾が飛び交う戦場に裸で放り出されるようなものです。生き残れるわけがないのです。

私が筆をとったのは、このような状況にいる先生方が安心できる環境をつくりたいと思ったからです。心の病で脱落していく。そういう先生を生み出したくない。そんな気持ちで今文章を書いています。教師という職業は素晴らしく、やりがいのあるものです。その魅力を知ることなく教育現場を去っていく若者たちに伝えたいことがたくさんあります。この文章が誰かの足元を照らすものになりますように。

古田　直之

Contents
目次

第4章　主導権を握って指導する　59

第７章　関係性を育む

第1章

なぜ学校の荒れがおさまらないのか？

子どもたちの変化

変化する学級崩壊

「学級崩壊」という言葉が生まれてからずいぶんと時が経ちました。授業中に勝手に立ち歩く、ものが教室の中を飛び交う、暴言が絶えない、教師の指示に従わない……そんな子がたくさん生まれ、学級が無秩序になっていく状態。それが学級崩壊です。

しかし、長年教師を続けてきた中で、私は学級崩壊の質が変化してきたように感じるのです。昔の学級崩壊は担任への反抗が目的で起きていたように感じます。

「担任むかつく！」「あいつのこと大嫌い！」

そのような気持ちが反抗へとつながり、学級崩壊を引き起こしているケースが多く見受けられました。

「あんな風に子どもたちに接していたら反抗されるのも無理はないよな……」

そのように感じる担任の先生のもとで学級崩壊が頻発していたように思います。確かに今でもそういうケースはあります。しかし、最近の学級崩壊はそれとは真逆のケースも見受けられるようになってきました。

優しくて丁寧なすてきな先生。どの子も担任の先生のことが大好き。

そんな先生のもとでも学級崩壊が起きるのです。トラブルが起きたら親身になって話を聞く。優しく寄り添って力になろうとする。そのような誰から見ても素晴らしい先生のもとでも学級崩壊が起きるケースが目立ってきました。子どもたちは担任の先生が嫌いではないのです。大好きすぎて担任を独占したくて問題行動を起こす。それがつながりあって学級が落ち着かなくなっていく。そのような状況が多く見受けられます。「学級崩壊」と一口にいってもその質は変化してきています。

発達障害と愛着障害

あの子は発達障害？

子どもの数が減っているのに、特別支援学級の数はどんどん増加している。このようなおかしな状況が教育現場で起きています。発達障害のある子が増えていると結論づけるのは少し早急です。

一つ例をあげましょう。友達とトラブルを起こした子が大暴れしています。

「ぶっころしてやる！」

大声でどなりちらし、教室や廊下で大暴れしています。手当たり次第にものを蹴り飛ばし、叫び続けています。どうしようもなくなった先生たちがパニックを鎮めるためにその子を職員室に連行。しかし、不思議なことに職員室に連れてくると先ほどの大暴れがうそのように落ち着いてしまいます。落ち着いたので教室に戻すとまたパニック状態に……。そんなことが何度も続いたため、先生たちは保護者と相談して発達障害の検査をしました。しかし、まったく診断がでない。それなのに、問題行動はおさまる気配はない……。

この話を聞いて、うなずかれている方もいるのではないでしょうか？　このように問題行動を起こすけれども、どう対応していいかわからない「気になる子」が増えてきています。今までうまくいっていた方法がまったく通用しない。先生たちは頭を抱えています。

「子どもたちが荒れる様子が昔とは違うなぁ。おかしいなぁ……」

そう感じてずいぶん経ちますが、ある本と出合ってこの理由が胸にストンと落ちました。その本とは米澤好史氏の『やさしくわかる！愛着障害―理解を深め、支援の基本を押さえる』（ほんの森出版）です。発達障害と思われてきた子の多くは実は愛着障害なのではないか？　そのような視点で書かれた本です。この本の中で愛着障害を抱える子どもたちの行動例が書かれていますが、それは私たちが普段目にする子どもたちの行動とぴたりとあてはまるのです。この本の中で米澤氏は「愛着障害は治していける」と述べています。この言葉は非常に勇気のもらえる言葉です。興味のある方はぜひ読んでみてください。

原因探しで疲弊する学校

原因に惑わされない

原因探しは何も生み出しません。ここではある女の子の例をあげましょう。仮にけいこちゃんとでもしましょう。けいこちゃんはある日お母さんに「学校に行きたくない」と言いました。びっくりしたお母さんはけいこちゃんに聞きました。

「どうして学校に行きたくないの?」

優しくお母さんが質問したところ、けいこちゃんは長い沈黙の後小さな声で言いました。

「友達にいじめられるから……」

それを聞いてお母さんはびっくりしました。そして担任の先生に電話をしました。

「先生。けいこがいじめられて学校に行きたくないって言っているんですけど……」

しかし、担任の先生が見た様子では、けいこちゃんにはトラブルはなく、友人関係も良好でした。担任の先生は不思議に思ってけいこちゃんに再度詳しく話を聞いてみました。するとあやふやな答えが返ってきます。

「席替えがいやだったから……」「国語の作文がいやで……」「お腹がいたくなるから……」原因は二転三転していきます。調べてみると結局けいこちゃんに対するいじめなどは存在しませんでした。

このような状況は先生ならば一度は体験したことがあるのではないでしょうか？　人は原因をつくりだす。まさに「原因論」というものです。オーストリアの精神分析学者であるアルフレッド・アドラーは「人は目的があってその行動をする」という「目的論」の考え方をしています。

いじめられた（原因）　⇩　学校に行きたくない（結果）

ではなく

学校に行きたくない（目的）　⇩　いじめられたことにする（原因）

という具合です。自分が叶えたい目的に応じて原因をつくりだす。このようなずるい部分は私自身にもあるなぁ……。そのように感じます。

もちろんすべてがそうではないでしょう。その子が本当にいじめられているという場合も考えられます。すべてを「目的論」で片付けてしまうのはいささか温かみに欠けると私も思います。しかし、教師という職業に携わる上で、このような考え方を理解しておいて損はないと思うのです。

「目的」に目を向けてみる

人は原因をつくりだす。その原因をあれやこれやと探るよりも、その子がどんな目的をもってそのような言動をしているのかを探る方がよっぽど建設的です。

このような視点をもつと、問題行動を起こす子どもたちに対する解決策が見えてきます。

彼らは問題行動を起こすたびにこう言います。

「あいつが悪口を言ってきたから」

「あいつが先に蹴ってきたから」

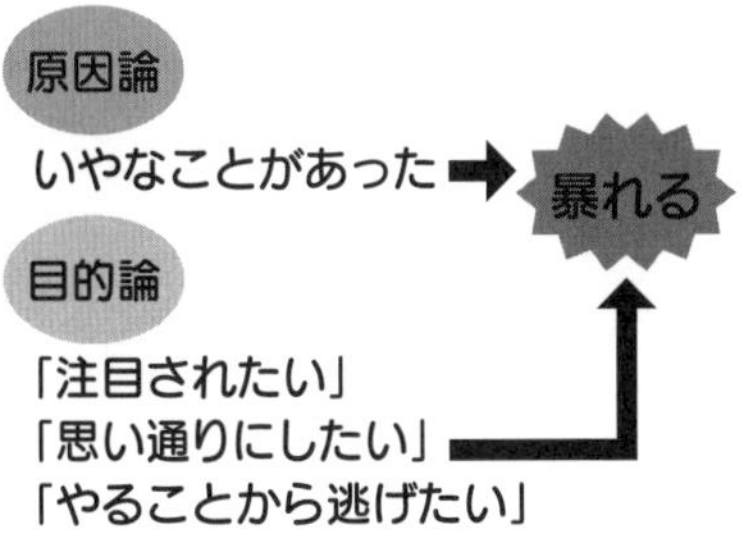

「先生が○○してくれなかったから」

彼らの口からは自分が問題行動を起こす理由がひっきりなしに飛び出します。まじめな先生ほど、これらの言葉を間に受けてしまい、右往左往しがちです。しかし、これらはつくりだされた原因であることが多いのです。原因ばかりに目を向けず、その先にある彼らの目的に目を向けることが大切です。

「注目されたい」
「自分の思い通りにしたい」
「今やっていることから逃げたい」……

彼らがどんな目的をもってその行動をしているのか？　原因にまどわされることなく見極める目をもつ。これが生徒指導において大切になってくるのです。

最終的に子どもに負けている

自分勝手なことをしても許される

生徒指導というのは、明日の成長につながっていくものでなくてはならない。

私はそのように考えています。しかし、実際は指導したように見えて最終的には子どもに都合よく、彼らの思い通りになってしまっている。そんなケースをよく見かけます。

6時間目の出来事です。ある男の子が教室から飛び出しました。かなり荒れています。ありとあらゆるものを蹴りながら廊下をフラフラと徘徊しています。たまたまそこに通りかかった私は、その子に接触を試みました。

しかし、私がいくら話しかけてもその子は何も話そうとしません。それどころか、私の言葉を無視して昇降口から帰ろうとするのです。事情が全くわからない私は帰ろうとする彼をとどめて、担任の先生を待つことにしました。

6時間目終了のチャイムが鳴り、ようやく担任の先生がその子を探しにやってきました。そして彼と対話を試みます。「何がいやだったの？　話してごらん？」いくら話しかけてもその子は無視をして、無理やり帰ろうとします。担任の先生は困りはてて「帰りたいのね。わかったよ。そのかわり明日落ち着いたら必ず先生に話をしてね。今日はとりあえず帰ろうか」とその子に伝えました。その子は無言で家へと帰っていきました。その後、私は担任の先生に教室で何があったのか話を聞きました。担任の先生によるとその子はグループ活動でかなり自分勝手な行動をしていたようです。その結果、同じグループのメンバーに厳しく注意され、冷たくされました。それに腹を立てた彼は逆ギレをして教室を飛び出したとのことでした。

この話を聞いて「こういう状況ならば、この子を何も指導せずに帰したのは間違いだったな」と私は思いました。なぜなら、彼は自分勝手なことをして飛び出し、学校にあるものを蹴りまくって暴れても、自分が黙って帰ろうとすれば帰れてしまうことを学んでしまったということになるからです。冒頭に書いたように「明日の成長につながっていく」のが生徒指導です。この点からも、今回の対応は彼の成長につながらないものとなってしまいました。

適当に謝罪をすれば許される

他にも例をあげましょう。こんなこともありました。6時間目に感情のスイッチが入り、大暴れした男の子の話です。

その子が授業中に教室内でどなりちらしたため、私は廊下へと連れ出しました。しかし、その子のパニックは全然おさまる気配がありません。私がどんなに対話を試みても「しらねー」「うるせー」「うぜーぞ。あっちいけ」ばかり。まるで対話になりません。

しかし、その子はあることをきっかけに急に「ごめんなさい」とあやまりました。そのきっかけとはなんでしょうか?

彼が素直になるきっかけになったもの。それは「授業終了のチャイム」です。急に素直になったこの子の様子を見て私は「ああ。なるほど」と思いました。彼はこう考えたわけです。授業中に謝罪をしてしまっては、また教室に戻って授業に参加しなければなりません。そのため授業が終わるまでは私に暴言を吐き続け、決して対話をしようとはしなかったのです。しかし、チャイムが鳴った後は状況が変わります。授業が終了した後も暴れていては自分の帰る時間が遅れてしまいます。このような考えから彼はチャイムが鳴り響いた後に急に素直に話し合いに応じて「ごめんなさい」とあやまったのです。

この例では一見教師の指導が通ったように見えますよね。だって彼は自分の問題行動を認め、あやまったわけですから。しかし、この状況も「最終的に子どもに負けている」という状況に当てはまります。

・暴れれば自分がやりたくない授業を抜け出すことができる。

・そして時間を見て適当に謝罪をすれば解放してもらえる。

子どもが立てるこのような作戦にまんまとはまっているからです。

いかがでしょうか？　このような状況に陥ることが「最終的に勝負に負ける」という状況です。このような指導をしていてはどんなに対話を重ねても問題行動が解決することはありません。この指導で子どもたちが学ぶのは「反省」ではなく「先生なんてちょろいな」という間違った認識なのです。

Column

ならぬことはならぬ

私の出身地は「白虎隊」で有名な福島県会津若松市です。白虎隊の「什の掟（じゅうのおきて）」の最後を締めくくるもの。それがこの「ならぬことはならぬものです」という言葉です。「どんなことがあろうと、だめなことはだめなんだ」年齢を重ねるにつれてこの言葉に込められた揺るがない覚悟のようなものを感じるようになりました。

近年「子どもの気持ちに寄り添うことが大切」という言葉をよく目にします。しかし、この言葉によって生徒指導に混乱が生じている場合を目にします。「寄り添う」ことと「ご機嫌をとる」ということは全く違います。同じような言葉で「子ども理解」という言葉にも気をつけなければなりません。確かに子どもの気持ちを理解しようとすることは大切です。しかし、大切なのは相互理解です。子どもの気持ちを理解しようとする一方で、私たち教師側の気持ちも子どもたちに伝えていく。そんな風にお互いに理解し合うことが大切なはずです。それなのに「子ども理解」という名のもとに子どもの気持ちをすべて受け入れて理解してあげなければならない。そのような勘違いも多く見受けられます。その子の気持ちをきちんと受け止めてあげる。けれどもすべてを受け入れはしない。そういう線引きが生徒指導には必要不可欠ではないでしょうか？

第2章

荒れのレベルを見極める

「教室の荒れレベル」を見極める

教室の荒れレベル

「教室が落ち着かなくなる」

一口にそういっても教室の状況は様々です。「まだそこまでひどくないな」と感じる教室もあれば、「早急に手を打たないとまずいことになるぞ」と感じる教室もあります。まずはその教室がどのような状態なのかを把握することが重要です。「教室が今どういう状態なのか？」を理解することで、次にどのような対応を取れば良いかが見えてくるのです。

私は落ち着かない教室に入ったとき、まずはじっと観察して「教室の荒れレベル」を見極めることから始めることにしています。

「教室の荒れレベル」とは、その教室がどれだけ荒れているかを示す指標です。観察によって、子どもたちの行動や教室の雰囲気を把握し、荒れレベルを把握していくのです。荒れレベルが高い教室では、子どもたちの問題行動が増えたり、教室全体が騒がしくなったりすることがあります。この状態をきちんと観察することで、何が原因となっているのかが見えてきます。それによって、適切な対応策を立てることが可能になるのです。落ち着かない教室に直面したときには、じっくりと観察し、教室の荒れレベルを把握することから始めてみてください。それでは「教室の荒れレベル」について説明をしていきましょう。

教室の荒れレベル１
問題行動を起こしている子とまじめにやっている子の関係がまだ良好である

この段階では、問題行動を起こしている子とまじめにやっている子の関係がまだ良好です。問題行動を起こす子が教室に受け入れられており、彼らの問題行動もまだ笑い飛ばせるような軽いものが多く、教室内を大きくかき乱すほどではありません。

この時点で、先生は焦る必要はありません。しかし、大切なのは、「この段階よりも荒れレベルを進めないようにする」という意識をもつことです。問題行動がエスカレートする前に適切な対応をすることが重要です。

「教室の荒れレベル1」では、問題行動だけでなく、良い行動も多く見られるはずです。先生は良いところをたくさん見つけ、子どもたちを励ましてあげることが大切です。

問題行動を起こす子は「誰よりも自分が注目されたい」という願望をもっています。だからこそ、悪い行動ばかりに注目して厳しく注意・指導するのではなく、その子のする良い行動にも積極的に関心を示しましょう。

OK
教室の荒れ（レベル1）
関係性が良い
もどって
これるよね！
はやく
おちつくと
いいね
荒れている子
まわりの子

過度におだてる必要はありませんが、さりげなく「いいね」「すてきだね」と良い行動を認めることで、荒れレベルの進行をある程度防ぐことができるでしょう。

この段階では子どもたちとのコミュニケーションを大切にし、ポジティブな関係を築くことが重要です。問題行動を起こす子に対しても理解と共感を示し、彼らがクラスの一員として成長していけるように支えていくのです。

たとえ問題行動を起こしてしまっても、周囲に受け入れてもらえるような関係づくりを意識していきましょう。

教室の荒れレベル２
問題行動を起こしている子のことをまじめにやっている子が迷惑に感じている

この段階では、問題行動を起こしている子とまじめにやっている子の関係が冷え始めます。問題行動を起こす子のふるまいが少しずつエスカレートし、まじめに取り組んでいる子たちがその態度に迷惑を感じるようになります。

「荒れレベル２」になっているかどうかは、周囲の子どもたちの表情を見ればわかります。こわばったような表情や我慢しているような様子が増えてきたら「荒れレベル２」に進んでしまったことを意味します。

このまま状況が進んでいくと、問題行動を起こす子とまじめな子たちとの間でしばしば衝突が起き始めます。周囲の子たちが問題行動を起こす子をにらみつけたり、きつい言い方で注意をしたりし始めたら、警戒すべきサインです。

我慢していた子どもたちが限界に達し、トラブルが頻発するようになると、「荒れレベル2」の状況と言えます。教室の雰囲気が悪化し、子どもたちの学習意欲や集中力が低下してしまう可能性があります。

「荒れレベル2」を乗り越えるためには、子どもたち同士の温かいコミュニケーションを増やし、安心できる環境を整えることが必要です。子どもたちが自分の気持ちや考えを言い出しやすい状況をつくり出し、互いに理解し合える関係を築くことが、問題行動を改善する鍵となります。

教室の荒れレベル3
まじめにやっていた子の一部が問題行動を起こす子のまねをし始める

まじめにやっている（ように見える）子たちの中にも「自分も注目されたい」「自分も

危ない
教室の荒れ（レベル3）
まわりが流されはじめる
あいつは
すきかってにできて
いいなぁ…
うける…
荒れている子
まわりの子

好き勝手にやりたい」という思いをもつ子が一定数存在します。「荒れレベル３」の段階では、そうした子たちの本心が少しずつあらわになってきます。

落ち着かない子が問題行動を起こしたとき、周りの子どもたちの表情が二分されてきます。以前はこわばったような、我慢しているような表情の子が多かった教室の中に、同調するような雰囲気が生まれてくるのです。

誰かが暴言を吐いたのをニヤニヤして見つめたり、おもしろそうに笑ったりし、さらにひどくなると「いいぞ！　もっとやれ！」などとあおったりする様子が見られ始めます。

この段階では「先生」と「問題行動を起こす子」が主導権争いをしている状況と考えられます。先生の権威が崩れ、拮抗していると教室の子どもたちが感じ始めるのです。「先生」と「問題行動を起こす子」のどちらについていった方が自分にとって得なのか？　それを教室の子が探り、その結果、数名の子が問題行動を起こす子の方へ流れ始めているという状況です。

この段階においては、周囲で同調しようとする子は進んで立ち歩いたり、一緒に暴言を言ったりはしません。問題行動を起こす子がしたことに少し乗っかって様子を見ることが多いでしょう。この段階で教師が敗北を続けると、もっとも最悪な「荒れレベル4」へと進んでいく可能性が高くなります。

「荒れレベル3」への進行を防ぐためには、教師が冷静に状況を把握し、主導権をしっかりと握ることが必要です。それについてはこの後の章で詳しく説明したいと思います。

教室の荒れレベル4

問題行動を起こす子が教室の主導権を握る。まじめにやっている子が減っていく

「荒れレベル4」になると、問題行動を起こす子が教室の主導権を握り、まじめにやっている子が日に日に減っていきます。この段階になると「学級崩壊」という言葉が頭に浮かびます。教室は制御不能となり、担任の先生の言葉が子どもたちの心に響かなくなっていきます。「荒れレベル3」の段階で様子を見ていた子たちが次々と前線に飛び出し、教室は騒乱状態となります。

この段階の教室を目にしたとき、私はいつも徳川家康の戦術を思い出します。無敵と言われた大坂城を陥落させるために徳川家康がとった手段が、大坂城の堀を埋めることでした。外堀だけでなく、内堀も埋められた大坂城は翌年の大坂夏の陣であっという間に陥落してしまいました。「荒れレベル４」の教室もまさに堀を埋められた状況と言えるでしょう。ここまでくるとどんなに先生がクラスを正常化しようとしても抑えることができません。指導をしようとしても、もぐらたたき状態。指導してもきりがありません。

担任の先生は問題行動を起こす子だけではなく、まじめにやっている子の保護者にも非難され始めます。そしてどんどん心が沈んでいきます。教室の秩序も担任の先生の精神も崩れていく危険な状況がこの「荒れレベル４」の段階です。このような状況に陥ったら、担任の先生一人の力で解決するのは非常に難しくなってきます。ここまで荒れレベルが進むと、反転するのに大きな力が必要となるでしょう。

個人の荒れはどのレベル？

「教室の荒れレベル」が見えてきたら「個人の荒れレベル」も探っていきましょう。私が観察しているポイントを以下にまとめてみました。

●声に関するチェックリスト

□奇声　□暴言　□自分を責める言葉　□卑猥な言葉

●行動に関するチェックリスト

□教室内の徘徊　□教室外の徘徊　□授業妨害　□他人への挑発　□高い場所へ登る

●暴力に関するチェックリスト

□人（友達・教師）への暴力行為　□自分の物の破壊行為　□他人の物の破壊行為

●仲間に関するチェックリスト

□問題行動に共鳴する仲間の存在　□仲間との関係性（カーストが高い）

●対教師に関するチェックリスト

□担任との関係性が悪い　□教師との対話が難しい（普段・落ち着かなくなったとき）

チェック項目が多ければ多いほど、「個人の荒れレベル」は高いと言えます。ぜひ参考にしながら観察してみてください。

第3章

指導の線引きを明確にする

存在を示す

観察させる

「教室の荒れレベル」が見えてきた後に、先生が行うことは「観察している自分を子どもたちに観察させること」です。

「深淵をのぞくとき、深淵もまたこちらをのぞいている」

ニーチェの言葉と同じく、私たちが子どもたちをじっと観察していると、彼らもまた私たちの行動をじっと観察しています。

問題行動を起こす子どもたちは、先生の動きに人一倍敏感です。そして先生が自分たちを観察していることに気づいています。中には

「自分がこんな行動をしたら、先生はどう動くだろうか？」

「もしも注意してきたらなんて言い返してやろうか？」

と考えている子もいます。

　このような子どもたちにとって、先生がじっと観察をし続ける姿は不気味に映るでしょう。通常、問題行動を起こすと、先生がすぐに近くに来て指導をするはずなのに、それが起こらないからです。

　観察をしていると、問題行動を起こす子と目が合うことが多くありませんか？　これは問題行動を起こす子が先生を気にしている何よりの証拠です。このような状況は、先生側に「主導権」があると考えることができます。主導権は、先生がその場の状況をコントロールし、問題行動に対して適切な対応をするために欠かせないものです。

　さきほどの状況は非常に好ましい状況と言えます。なぜなら、観察することが問題行動を行う子に対して積極的な影響を与えているからです。子どもたちが先生の行動に敏感に反応するということは、先生が影響力をもっているという何よりの証拠です。

　この「主導権」はとても大切な考え方です。詳しくは第４章をお読みください。

指導の線引きを明確にする

3ボウ

「暴言を吐かれたり、挑発をされたりしたときはどうすればいいんですか？　指導しないでただ眺めていればいいのですか？」

皆さんからそんな声が聞こえてきそうです。まったくおっしゃる通りです。ただ観察しているだけでは問題行動は解決しません。しかし、安易に動いてすべての問題行動に指導をしにいくことも避けるべきです。感情に任せてすべての問題行動に指導をしにいくと指導はもぐらたたきになってしまい、荒れをますますエスカレートさせてしまいます。

重要なのは、「安易に動かない」ことです。そのためにも「指導をするとき」と「見守りに徹するとき」の明確な線引きを決めることが必要です。私が考える指導の線引きは「３ボウ」です。「３ボウ」とは「暴力・暴言・妨害」の頭文字をとったものです。

①命の危険につながる行為（暴力）
②他人の尊厳を踏みにじる行為（暴言）
③他人の邪魔をする行為（妨害）

これらの問題が起きた場合、先生は絶対に指導をしなければなりません。それ以外の場合は、適切なタイミングや状況を見極めながら見守りに徹するのです。勝負すべきときに適切に動くこと。それが生徒指導において重要になってくるのです。

私がなぜ、この「３ボウ」を指導の線引きにするのか。一つずつ説明していきましょう。

命の危険につながる行為（暴力）

先生の仕事ってなに？

　この問いは私が学級の子どもたちによく問いかけてきた質問です。この質問を投げかけるとほとんどの子どもたちは「勉強を教えること！」と答えます。先生とは勉強を教えてくれる身近な存在です。だからこの答えはとても自然な答えです。私はそれを聞いて笑顔でこう答えます。

「そうだよね。勉強を教えてみんなをかしこくするのが先生の仕事だね。でもね、それとは別にもっと大切な仕事があるんだよ。なんだと思う？」

「勉強を教えてかしこくすること」よりも大切な先生の仕事とはなんでしょうか？

それは「命を守ること」です。

「死んでしまった子に勉強を教えられるでしょうか？」

「死んでしまった子をかしこくできるでしょうか？」

答えはＮＯです。人は命を失ってしまっては成長することはできないのです。これは生徒指導でも全く同じです。生徒指導の目的は何か？　と問われたら多くの人が「生徒をよりよい道に導いていくこと」と答えるでしょう。しかし、そこには大前提があります。それは「生きていること」です。

問題行動を起こす子が命の危険につながる行為をしたとき、私は「線引きを越えた」と考えます。カッターやはさみ、彫刻刀などをちらつかせるなどの行為。窓を開けて身を乗り出すような行為。危険な場所に入り込む行為など、命の危険につながる行為に対しては即対応しなければなりません。これらの行為に毅然として立ち向かい、指導することで問題行動を起こす子どもたちに「命の大切さ」を伝えていくのです。

他人の尊厳を踏みにじる行為（暴言）

「当たり前」の質を下げさせない

「死ね！　消えろカス!!」
「きもいんだよ！　てめーどっかいけ!!」

教室の荒れが常態化すると、このような言葉が教室内に飛び交うことが当たり前になっていきます。普通に考えたら異常な状態です。しかし、これが当たり前の状態になるとその言葉を発している子も、周りでそれを聞いている子も感覚が麻痺してきてしまうのです。

「いつものことだから……」

「もう慣れました……」

笑いながらそんな風に話す子に何人も出会いました。でもその笑顔はどこか寂しげで、あきらめを含んでいます。

「暴言が飛び交うのはおかしい」という感覚から「暴言が飛び交うのが当たり前」という感覚になっていく。これは人間の本能が環境へ適応させることで自分自身を守っているのかもしれません。

だからこそ、私は指導の線引きに「他人の尊厳を踏みにじる行為」を明確に設定しています。どんな理由があろうと他人に「死ね」「カス」「消えろ」「きもい」などと言ってはならないのです。そのような言葉が聞こえたら、観察の目を解除し、すぐにその問題行為と向き合い、「それは間違っている」と伝える覚悟が必要です。

暴言が常態化している場合、それに慣れてしまった子どもたちに「この状況は正常ではないんだよ」と気づかせる必要があります。これに気づかせないと「当たり前の質」は下がり続けます。それは絶対に阻止しなければなりません。

他人の邪魔をする行為（妨害）

エスカレートしていく妨害行動

　問題行動を起こしている子の心は強いように見えて実はとてももろいものです。寂しくて、寂しくて、誰かに注目されたくてしかたがないのです。そんな子どもたちが行う注目行動が「誰かの邪魔をする」という行動です。

　初めは仲の良い友達の所に出かけていき、その子にちょっかいを出します。その状況が見過ごされ、容認されることを確認すると、その子は少しずつ行動範囲を広げ始めます。仲の良い友達だけでなく、自分が気に入らない子に向けてちょっかいを出し始めます。ちょっかいを出された子がいやがるそぶりを見せても、執拗にいやがらせを続けます。

そんな状況が常態化すると、その子はさらに行動をエスカレートさせていきます。黒板の前に立って授業を妨害したり、先生の書いた黒板の内容を勝手に消したり、黒板に落書きをしたり……。今度はクラス全員の前で邪魔をし始めます。このように問題行動はどんどんエスカレートしていくのです。

先ほど述べた「命の危険につながる行為」や「他人の尊厳を踏みにじる行為」と同様にこれらの「他人の邪魔をする行為」にもきちんと対応していかねばなりません。

ここまで問題行動がエスカレートしてしまったのは彼らが少しずつ幅を利かせて、大胆に行動していくのを誰も止められなかったからです。

しかし、このような「他人の邪魔をする行為」すべてにいちいち注意をしていては先ほど述べた「注意しすぎることによる敗北」へとつながります。「命の危険につながる行為」や「他人の尊厳を踏みにじる行為」に対しては毅然と対応する必要がありますが、この「他人の邪魔をする行為」については対応にテクニックが必要になってきます。後ほど、そのテクニックについて詳しく述べていきたいと思います。

指導の瞬間を見極める

線引きを明確にした指導とは？

きちんとした線引きをもって問題行動への指導にあたっていくことはなぜ大切なのでしょうか？　その理由について考えていきましょう。

ある子の例をあげましょう。たかし君とでもしましょう。

たかし君の問題行動がどんどんひどくなっていると担任の先生から助けを求められました。たかし君の問題行動がどんどんひどくなっているとのことでした。最近は友達にも暴言を吐き、暴力をふるうぐらい荒れがエスカレートしている。クラスのみんなは暴力をふるわれるのが怖くて萎縮してしまっているとのことでした。担任の先生の言葉にも「関係ねーだろ」「きもいんだよ」「くせーんだよ」「こっちくんな」「知らねー」という言葉を投げつけ、耳を貸しません。たかし君は担任の先生ですら自分を止めることができないことを知って、クラスの王様のようにやりたい放題にふるまっているとのことでした。

担任の先生に助けを求められて、私は教室に入りました。クラスの様子を観察すると、彼が暴言を放つたびに数名の子がにやにやとした笑いを浮かべています。大多数の子は彼がいやな言葉を放つたびに困った顔で私の顔をちらりと眺めます。

「たかし君はいつもこうなんだよ」「あいつのことをなんとかしてよ」

周りの子どもたちの、そんな気持ちが透けてくる表情です。この様子から私はこのクラスの荒れレベルは３から４へ移行しているように感じました。早急に手を打たなければならない状況です。

私はまずたかし君を観察するところからはじめました。わざとたかし君の視野に入る位置に立ち、教室全体を眺めながら観察をします。突然視界に入り込んだ部外者の私をたかし君は時折ちらちらと眺めます。その表情は

「こいつは何をしに俺の教室にきているんだろう」

「まぁ誰がこようと関係ない、いつも通り好き勝手にやってやる」

たかし君のそんな気持ちが見え隠れしています。私という部外者が入り込んだせいでしょうか。たかし君は初めおとなしく授業を受けていました。しかし次第に「いみわからねー」「めんどくせ」そんな言葉を周囲にわざと聞こえる大きさで投げかけて自分の存在をアピールし始めました。

たかし君のこの行為は先ほど説明した「他人の邪魔をする行為（妨害）」にあたるかもしれません。でも私はあえて動きませんでした。彼が普段している問題行動に比べたら、この段階はまだがんばっているほうだと考えたからです。

線引きを踏み越えた瞬間を見逃さない

彼は少しずつ行動をエスカレートさせていきます。そして、ついに彼は私の線引きを踏み越えます。普段から仲が悪い子なのでしょうか？　その子が授業で発表したときに大きな声で「あいつきも！（気持ち悪い）」と何度も叫んだのです。

ずっと観察を続けていた私ですが、ここで観察の目を解いて指導へと踏み出すことにしました。それまで立っていた教室の隅から、彼の座っている席に一気に詰め寄り、

「今なんて言った？」

と低い声で言いました。今までずっと観察をしてきた私がたかし君の所まで動いた瞬間、クラスの空気が引き締まりました。その子に同調してにやにやしていた子の顔にも緊張が走ります。しかし、たかし君も「なんだてめー。うぜーんだよ」と言い返します。ここで素直に謝罪できるようなら問題はありません。たかし君のこの反抗も想定内です。私は続けました。

「さっきの『きもい』っていう言葉。もしもこの後にもまた言ったら、今度はもう少し強い言葉で話をしなくちゃいけなくなるからね。やめなさい」

私のその言葉を聞いて彼は「はっ？　知らねーし」と言いました。

私の目的は彼に「それはだめな行為だ」と伝えることです。そこで私はたかし君から距離を取り、再度教室の隅で教室全体を眺めました。私が指導に動いてから、再度距離を取るまでの時間。それはだいたい1分ほどの短い時間でした。その後、たかし君は私をにらみつけてはいましたが、友達を罵ることはありませんでした。

線引きの重要性①

問題行動を起こす子にやってはいけないことの線引きを教える

緊急ブレーキを整備する

問題行動を起こす子の感覚は麻痺しています。良い行動とだめな行動の線引きがあいまいになってしまっていて、彼らの頭の中は混乱してしまっているのです。

問題行動が繰り返される日々の中で彼らは何が良くて何が悪いのかを見失っていきます。そして徐々に「だめなことしている自分＝本当の自分」と錯覚していってしまうのです。

そんな負の連鎖から救い出せる人。それが「きちんと線引きをもって声をかけてくれる人」なのです。小さな問題行為に目くじらを立て、もぐらたたきのように指導する人ではなく、「そこまではまだ許せる」「そこから先はだめだ」と線引きをきちんともっている人と共に過ごすことで、彼らの心にも善悪の線引きが形成されていくのです。

「あいつは全然周りを見ていない」

問題行動を起こす子のことをそのように言う人がいます。しかし、問題行動を起こす子は決して傍若無人にふるまっているわけではありません。先ほど例にあげたたかし君も、自分がどこまで悪いことをすればあの先生は動くのかを観察しながら探っていました。

実はこの状況は好都合です。私が指導へと動いた所、それを彼は「踏み越えてはいけない線引き」と認識してくれるからです。この指導を繰り返していくうちにたかし君は「ここまでやるとこの先生は許さないんだな」と学んでいくのです。このように、先生がもっている線引きをたかし君にも理解してもらうこと。そして、最終的にはその線引きを彼自身のものにしてもらうのです。そういう意味で「線引きを引いた指導」が重要なのです。

線引きの重要性②

同調する子に釘をさす

様子見をしている子どもたち

先ほどのたかし君の教室の荒れレベル。それは「荒れレベル3」から「荒れレベル4」への移行期でした。大多数の子は彼が言葉を放つたびに困った顔で私の顔をちらりと眺めます。しかし、たかし君が放つひどい言葉に対して、にやにやとした笑いを浮かべる子が数名目につくのです。これは数名の子がたかし君の行動に同調し始めていることを示しています。

私は問題行動に同調する子どもたちを「第二陣」と呼んでいます。彼らは荒れレベル3で、たかし君の行動に影響されて「ぼくも」「わたしも」と出てくる子たちです。「第二陣」の子どもたちは、「強いもの・楽しいもの」に流されやすく、問題行動が成功すればまねし、失敗すれば距離をとって観察します。このような子どもたちは、どの教室にも一定数存在します。

「線引きをきちんと示すこと」はこの「第二陣の子」に対しても有効です。彼らは問題行動を起こす子と指導をする先生の両方をじっと観察しています。線引きを踏み越えた子に対して毅然と指導することはつまり、第二陣の子に対して

「これ以上やると先生は許さないよ。にやにやして見ている君も同じだぞ」

と釘をさすことになるのです。これは非常に重要です。なぜなら、これに失敗すると教室の荒れが一気に「レベル４」へと進んでしまうからです。

一人の指導をしながら、大多数にも同じメッセージを送る。問題行動を上手に鎮静化させていく先生はこれをうまく実践しています。彼らの「緊急ブレーキボタン」が壊れる前に、きちんと指導していくことが大切です。

線引きの重要性③

まじめにやっている子へエールを送る

クラスを支えているのは誰？

「いつもこうなんだよ……」

「なんとかしてよ。助けてよ……」

荒れている教室には、困った顔で助けを求める子がたくさんいます。この子たちの前で先生がその場しのぎの対応をしていたら、彼らはどう思うでしょうか？　一生懸命な子どもたちはきっと先生の対応に失望し、信頼を失っていくでしょう。このようななおざりな対応を長く続けていくと、一番恐ろしいことが起こります。それはまじめな子どもたちに「心で切られる」ことです。

「いくらがんばってもだめなんだ……」「結局我慢するしかないんだ……」

彼らにそう思わせてしまったときこそが、本当の終わりです。

「先生もクラスの荒れと闘うよ。みんなにも力をかしてほしい」

荒れた状況に一緒に立ち向かってくれる子どもたちを励ますためにも「これはだめだ」と問題行動に明確に線引きを示し、向き合う先生の姿勢が重要なのです。

しかし、中にはこれとはまったく逆のことをしている様子を目にすることがあります。それは「問題行動を起こす子には優しく、まじめな子には厳しく」という対応です。問題行動を起こす子には甘い指導しかしないのに、まじめな子には、少しでもルールを破ると厳しく注意するのです。おそらく、先生も教室の秩序を守るために苦心していたのでしょう。「この子たちには、しっかりと行動をしてほしい」と願う気持ちはわかります。しかし、この状況は避けた方が良いでしょう。なぜなら、この指導によってまじめな子どもたちは不平等と理不尽さを学ぶことになってしまうからです。指導の線引きをきちんともち、どの子にも公平な指導と対応をしていくことが必要です。自分の対応がまじめな子どもたちにどんなメッセージを送るのか。それを考えながら、指導を進めていく姿勢が生徒指導には大切になってくるのです。

子どもの言葉にぐらつかない

「3ボウ（暴力・暴言・妨害）」があるか否か？

基本的に私はこれを「指導」に踏み出すかどうかの線引きとしています。これらの行為をするまでは私は彼らを見守ることにしています。

問題行動を起こす子はこちらの様子をちらちらと伺いながら行動をエスカレートさせていきます。どこで私たちが指導しに出てくるのか探っているのです。そんな彼らに対して、こちらがそのときの気分で一貫性のない指導をするのは危険です。なぜなら、彼らは私たちの言動の矛盾を巧みに突いてくるからです。

「この前はこれをしてもいいって言っていただろ！」

「〇〇先生はいいって言っていたぞ。どうしてお前はだめって言うんだ！」

こんな言葉を巧みにつかって心を揺さぶってくるのです。こうした言葉にぐらつかないためには「自分の中に指導の線引きをきちんともつこと」が重要です。線引きを心にきちんともつことで、どのような問題行動にも毅然とした姿勢で一貫した対応をとることができます。そのブレない姿勢こそが生徒指導の効果を高めていくのです。

第4章

主導権を握って指導する

目には見えない「主導権」

なぜあの先生の言うことは聞くのか？

「○○先生の言うことは聞くのに、××先生の言うことはさっぱり聞かない」

このようなことが起きるのはなぜでしょうか？　その背後には「主導権を握るのがうまいかどうか」という要素が大きく影響しています。「主導権」を上手に握る先生は、子どもたちの問題行動をすっと収束させます。そして彼らとじっくりと対話をし、成長へとつなげていきます。しかし、主導権を握ることに失敗すると危険です。子どもたちは好き勝手にふるまい、教室はどんどん荒れていきます。こうなると彼らにとって先生は自分の言う通りに動いてくれるただの「家来」となってしまいます。このような状況に陥ったら状況を反転させるのがより困難になります。

問題行動を起こす子どもたちは無意識に先生から主導権を奪い、クラスの中で優位な立ち位置を築こうとします。「主導権を握る」ということは生徒指導の要です。この章では以下の点について理解を深めましょう。

- **どうやって主導権のありかを見抜くのか？**
- **どうやって主導権を握りながら指導するのか？**

これらが理解できると、生徒指導の幅がぐっと広がります。
ぜひ主導権について一緒に考えていきましょう。

主導権のありかを見抜く

釣り糸を垂らしているのはどっち？

主導権がどちら側にあるのかを見極める方法は非常にシンプルです。「どちらの行動に引っ張られているか？」ということを考えればよいのです。たとえるなら「どちらが釣り糸を垂らしているか？」という感じです。例えば教室から逃げ出してしまう男の子の例をあげましょう。仮にとしのぶ君としましょう。

としのぶ君はしばしば授業に集中できなくなって、教室から逃げ出してしまうことがあります。先生が見ていない隙をついて、すーっと教室から逃げ出します。忍び足で教室から逃げ出すのですが、先生に見つかると猛ダッシュをします。先生が後を追いかけると、としのぶ君はちらちらと振り返りながら猛スピードで廊下を走って逃げていきます。

この場合は間違いなくとしのぶ君に主導権があります。としのぶ君が「そっと逃げ出す」という釣り糸を垂らし、そのえさに「追いかける」という形で食いついたのが先生たちという感じですね。この状況を理解することで「すぐに走って追いかける」という行動を取るのはとしのぶ君の思い通りだということがわかります。

としのぶ君は先生が追いかけてくることを待っているのです。釣り糸を垂らして待っている所に先生が不用意に飛び込まないようにすることが重要です。

目には見えない主導権を意識する

もう一つ例をあげましょう。しんご君とでもしましょうか？

しんご君はいたずらっこです。しばしば職員室に忍び込んでは特別教室の鍵を持ち出します。そんなことが続いたため、先生方は特別教室の鍵を届かない場所に保管してしんご君に持ち出されないようにしていました。しかしある日、ふとしたミスからしんご君に図書室の鍵を持ち出されてしまいました。鍵を取った瞬間ダッシュして逃げるしんご君。それを職員室にいた先生が追いかけます。しかし、しんご君の逃げ足は早く、図書室の鍵を開けて中に入ってしまいました。先生が追いついた頃にはしんご君は中から鍵を閉めて図書室に閉じこもってしまいました。「開けなさい！」と先生は外から扉をドンドンとたたきます。しかし図書室の中のしんご君はこちらを眺めながら、からかって挑発してきます。

さてこの状況において「主導権」はどちらにあるでしょうか？　少し考えてみましょう。

「鍵をとって逃げる」という釣り糸をしんご君が垂らし、それに「追いかける」という形で食いつく先生。「鍵を閉めて挑発する」という釣り糸をしんご君が垂らし、「ドアをたたいて開けなさい」と言う形で食いつく先生。どこからどう見ても主導権がしんご君にある状態です。

主導権が子どもの方にある状態で先生が一生懸命に指導をしている場面をよく目にします。しかし、子どもに主導権を握られた状況で指導がうまくいくことはまずありません。

「主導権」は目に見えません。しかし確かに存在します。主導権をいかにしてしっかりと握っておくか、それが生徒指導の成否を決めます。

では、どうすれば主導権を握った指導ができるのでしょうか？　主導権を握るためには様々なテクニックが存在します。次はそのテクニックについて詳しく説明していきたいと思います。

主導権を握った指導

キーワード①「目線」

「目線」を意識して主導権を握る

「目は口ほどにものをいう」と言われます。生徒指導においても「目」は重要な意味をもちます。例えば、マンガのワンシーン。ヤンキーが誰かにケンカをふっかけるための常套句は

「お前、なにガンつけてんだ」

ですよね。目がきっかけで勃発する争いは非常に多いのです。この目線をうまく使いこなせるようになること。これが問題行動を起こす子と向き合うときには重要になってきます。

見つめすぎない、でも見逃さない

問題行動を起こす子は見た目には傍若無人なふるまいをしているように見えます。しかし、実はこちらをじっと観察しています。その子に先生がじっと目線を向けるのは

「悪いお前を観察しているぞ」

というメッセージを与えることになります。

「なにガンつけてんだよ」といった目線による争いを避けるためには、問題行動を見つめすぎないことが必要です。

しかし、目を離しすぎるのもいけません。問題行動を見逃しすぎると子どもたちに

「この先生は全然見ていないぞ、ちょろいもんだ」

と思われてしまうからです。

「この人は何を見にきているんだろう？」

と彼らに思わせるために大切なのが「見つめすぎない、でも見逃さない」という目線なのです。

最適な立ち位置を探る

「見つめすぎない、でも見逃さない」目線とは、教室全体をぼんやりと眺めるような感じです。その際、重要になるのが立ち位置です。教室の真後ろに立っていても子どもたちの後頭部しか見えず、効果はありません。基本的に立ち位置としてふさわしいのは

「問題行動を起こす子と目があう場所」＋「教室全体が見える場所」

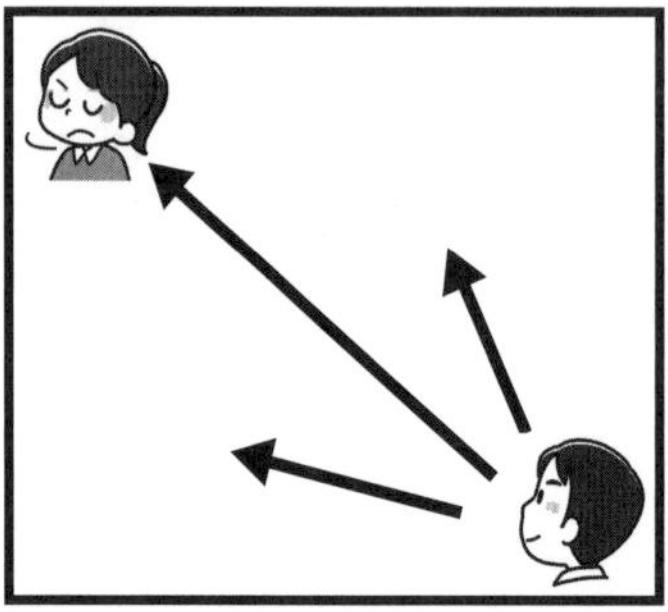

です。問題行動を起こす子へはあまり近づかず、適度な距離を保つことが重要です。その子が窓際に座っているなら廊下側に立つ、廊下側に座っているなら窓際に立つというように、その子となるべく距離を空けた場所に立つことが望ましいです（距離については非常に大切なテクニックなので後ほど詳しく説明したいと思います）。

立ち位置と共に大切なのは表情です。知らない人が教室に

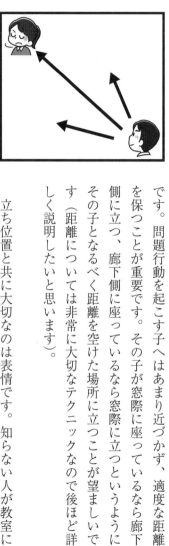

入ってきたとき、子どもたちは緊張します。だからこそ、観察の目線を向けるときは笑顔でいたいものです。表情で監視の目線にならないようにするのです。コロナ禍でのマスク着用により、笑顔を伝えることが難しいという声がありました。しかし、北海道の教員である宇野弘恵さんはこのように語っています。

私の座右名は「つらい時こそ　笑顔」。長年意識して口角を上げていたから、マスクの下は今でも毎日口角が上がっている。口角が上がると、不思議と目が笑う。それだけで、子どもは安心するのだと思う。表情が見えない今だからこそ、目は口ほどにものをいうことを心に留めておきたい。

宇野先生のように伝えるのが上手な先生は口だけでなく目でも笑顔を表現することができます。このような先生たちは目線で温かいメッセージを伝えることができるのです。この話を聞いて彼女の姿勢に感銘を受けつつ、私もこのようなレベルに高めていきたいと感じました。

見つめすぎないで荒れを止める

反抗的な態度を見せつけてくる子

ともゆき君は以前私が担任した子です。がんばり屋でとてもいい子ですが、言葉遣いが乱暴で、指導されるとすねたり、反抗したりすることがあります。ある日、私が廊下を歩いていると、「きもいんだ！　しね！」という声が聞こえてきました。ともゆき君の声です。彼が友達に向けて暴言を吐いている現場に私は偶然通りかかったのです。このまま見過ごすわけにはいきません。私はその場で指導を入れました。暴言を吐いた現場を押さえられたのでともゆき君は言い訳できません。しぶしぶ友達に「ごめん」と謝罪しました。

しかし、怒られたことが気に食わなかったのでしょう。次の授業が始まると、彼は一番前の席で私にちらちらと目を向けてきます。その視線はにらみつけるようでした。ともゆき君の向ける視線に気づいた私が彼を見つめると、彼は目を逸らし、手にしていた鉛筆を机にたたきつけて「カンカン!!」と音を出しました。私が視線を外すと、鉛筆をたたきつけるのをやめ、再びじっと私をにらみつけます。

「目が合うとわざと反抗的な態度を示す」というのはよくあることです。彼は「にらみつける」「問題行動を見せつける」という釣り糸を交互に垂らし、私を怒らせようとしているのです。無視するのも一つの方法ですが、私はそれだけでは少し弱いと感じました。無視しても主導権が私に移るわけではないからです。

このようなときに有効なテクニックがあります。それが「目線ずらし」です。「目線ずらし」とは「相手の顔の30センチほど横を見つめる」というテクニックです。目線ずらしという手の優秀な所は「見ていないけれど見られている」という感覚を相手に刻めることです。

私はともゆき君に目線ずらしを行いました。ともゆき君の顔の30センチほど横の何もない空間をじっと見つめます。下を向いていたともゆき君でしたが、私の視線に気づいてちらっと私を見てきました。しかし、私の目は彼を見ていません。

皆さんもぜひ誰かにやってもらってみてください。誰かに自分の顔の30センチほど横を見つめてもらい、自分は下を向くのです。するとあなたの周辺視野では、自分がじっと見つめられているように映ります。

周辺視野では先生は確かに自分を見ている。でも、実際に顔をあげてみると先生は自分のことなど見ていない。私の目線ずらしでともゆき君が戸惑っているのが伝わってきます。

そして彼はとうとう後ろを振り返ります。私が見つめているものはなんなのか？　それを確かめるためにともゆき君は振り返ったのです。しかし、残念ながら後ろには私が見つめるようなものは何もありません。彼は不思議そうに私の顔をもう一度見つめました。

そこまできて私はようやく彼と目を合わせてにこっとほほえみ、視線を教室に向けました。先ほどまで目が合うと鉛筆をたたきつけたり、テスト用紙を丸めたりしていたともゆき君ですが、私と目が合っても彼は何もしませんでした。

目線のみで主導権を握る

いかがだったでしょうか？　これが「目線で主導権を握る」ということです。彼は「にらむ」という行為で私に釣り糸を垂らしました。私がにらみ返しても、反応して怒ったとしても彼に主導権を握られてしまうでしょう。その代わりに「目線ずらし」というテクニックを用いるとどうでしょうか？　私は「30センチ横を見る」という行為で釣り糸を垂らしました。するとともゆき君は私が何を見ているのかが気になって振り返りました。

先生「30センチ横を見る」→子ども振り返る

この状況は間違いなく私に主導権があります。

今回の件で私はともゆき君に強く指導をしませんでした。休み時間にともゆき君は友達に暴言を吐きましたが、その行為を認めて友達にきちんとあやまることはできていたからです。中には気に食わないことがあると大暴れして自分の感情を吐き出す子もいます。しかし、ともゆき君はイライラしながらも自分の感情と闘っているように感じられました。「目線ずらし」は、このような「情状酌量の余地があるときの指導」に効果を発揮します。

本気で見つめて荒れを止める

本気を伝える目線

先ほどのように「目線ずらし」で問題行動をある程度抑えられるのならば良いのですが、荒れのレベルが進んでいくと、それぐらいでは問題行動はおさまりません。

線引きを踏み越えた問題行動（3ボウ）が頻発する教室を指導する場合は「強い目線」が重要となります。「この人は本気だぞ」という印象を相手に与えるために、全体を包み込むような視線ではなく、真っ直ぐに子どもの目を見て「それは違う」と伝える場面をつくらねばなりません。

このときに有効なのは、若い頃に私が先輩に教えてもらった「片目を見る」という見つめ方です。「相手のことを見なさい」と言われたら多くの人は相手の「両目」を見つめます。しかし、その見つめ方では自分の眼球がぶれるのです。

ぜひ誰かと顔を合わせてやってみてください。相手の両目を見つめると、見つめている自分の眼球が上下左右に細かくぶれます。相手の片目だけを見つめると自分の眼球がぶれることがありません。まっすぐに貫くような視線をつくることができるのです。生徒指導では先生の真剣さを子どもたちにしっかりと伝えることが大切です。「それは許さないよ。やめなさい」と伝える際は、片目を見つめ、まっすぐに貫くような視線で伝えることが重要です。

目線は先生の気持ちを伝達する手段として重要な役割を果たします。この「片目を見る」という方法は先生の本気を伝える際に非常に役立ちます。ぜひ活用してみてください。

主導権を握った指導

キーワード②「距離」

「距離」を意識して主導権を握る

主導権を握るための重要なテクニックの二つ目は「距離」です。問題行動を起こす子との間にどれだけの距離を保つかが鍵となります。

荒れた教室に入って援助するとき、問題行動を起こす子に真っ先に近づき「それはだめだよ」と指導を始める先生がいます。命にかかわるような危険な行為をしているのであれば、即座に対応するのは理解できます。しかし、多くの場合、取るに足りない小さな問題行為にも過度に近づいてしまっています。これは非常にもったいない行動です。

以前に述べたように、問題行動を起こす子どもたちは私たちをじっと観察しています。

その中で、先生が少しずつ距離を詰めてくることは彼らにとって大きなプレッシャーとなります。遠くから見守っていた先生が徐々に近づいてくるだけでも、問題行動を抑止する効果があるのです。

基本的な立ち位置として適切なのは、「問題行動を起こす子と目が合う場所」でありながら「教室全体が見える場所」です。そのときに重要なのは、「つきすぎず・離れすぎない」という距離を保つことです。過度に近づくとプレッシャーを与えすぎてしまい、自分との対決姿勢を強めたり、注目行動を煽ってしまったりすることがあります。しかし、離れすぎると自分の目線が届かず、問題行動を適切に抑止することが難しくなります。その子に応じた適度な距離をさぐりましょう。

私たちがすべきことは、となりにべったりとはりついて問題行動を起こさないようにすることではありません。問題を起こしたときには、近づいて指導する。問題が解消されたらすっと離れて見守る。素敵な行いを目にしたらすっと近づいて言葉をかけ、また遠ざかる。近づいたり離れたり、離れたり近づいたりしながら、徐々にその子の前から消えていく。そういう意識で子どもたちをサポートしていくのです。

指導にメリハリを生み出す

「ヒットアンドアウェイ」

この言葉はボクシングで使われる言葉です。相手に近づき打撃を浴びせたら（Hit）すばやく後退する（Away）戦法のことです。これは生徒指導においても非常に有効です。

問題行動が「3ボウ」の線引きを越えた場合、先生は即座に指導に入ります。その際、すっと近づいて問題行動を指導して伝えたいことを伝えたら、再度その子と距離を取って見守るのです。これを繰り返しながら指導をしていくことが非常に有効です。

指導をしにいって、そこで口論になっている先生をよく見ます。先生を挑発することでクラスの注目を浴びようとしている場合、その指導はうまくいきません。伝えたら即離れる。そして様子を見る。この繰り返しが大切なのです。

距離をぐっと詰めるのはなにも問題行動を起こしたときだけではありません。子どもたちの微細な成長を見つけたときも近づいて声をかけることが大切です。その子のかすかな成長を見つけたとき、ぐっと近づく。肩に手を置いて、耳元で「がんばってるね」「がんばりを見ているよ」と声をかけることも大切なのです。

心が荒れている子はその励ましの言葉をうまく受け取ることができない場合もよくあります。良いところを先生に認められても「うるせー」「だまってろ」などと言い返す。そんな場面をよく見かけます。そんなとき、私はよく「言い逃げ」という手法を取ります。ぐっと距離を詰めて「がんばってるね」と声をかけた後、すぐに距離をとるのです。
「ヒットアンドアウェイ」の考え方を、認め励ます際にも応用することができます。

主導権を握った指導

キーワード③「動作」

もしもあなたが「目線」と「距離」だけで問題行動を抑止できているのであれば、子どもたちとの関係性がある程度構築できている状況だと言えます。しかし、まだ関係性ができていない場合は「目線」と「距離」だけで問題行動を抑止できないことが多いでしょう。距離を詰めたり、目でメッセージを送ったりしても問題行動がおさまらない。そういうときは「動作でメッセージを伝える」ということが重要になってきます。ここでは、どのような動作で子どもたちの荒れを落ち着かせていくのか、考察していきたいと思います。

ゆったりとした動作

教室に足を踏み入れる際、私は常に「ゆったりとしていること」に気を配っています。

これは「君たちの敵ではないよ」というアピールです。心がこじれている子は人を敵か味方かで見極めがちです。そのような子がいる教室に先生が「指導する気満々の表情」で現れると、子どもたちに一気に敵と認定されて指導が通らなくなってしまいます。だからこそ、ゆったりと笑顔でリラックスした姿勢で接することが重要なのです。

ただし、暴力や暴言、妨害（３ボウ）が起きた場合は一気にギアを入れて対応します。「普段ゆったりとしているこの先生が猛スピードで詰め寄ってくる。それぐらいの事態が起きたのだ」と子どもたちに認識させることで、問題行動を重く受け止めさせるのです。

先生が普段からがさつな動きをしていては緩急をつけた動作によって子どもたちにメッセージを伝えることができません。問題行動が起きたときにきちんと指導が生きるようにするためにも、日頃からゆったりとした態度で臨むことが重要です。

使えるジェスチャー5選

問題行動を起こす子どもたちは言葉に敏感で、口に出して注意すると逆効果になることがあります。例えば「それをしてはだめだよ」と注意すると「うるせー！」と言い返してきたり「やめなさい」と注意すると「おまえにかんけーねーだろ！」と反発してきたりします。声に出して注意することは簡単ですが、それによって問題行動を加速させてしまうことがあるのです。そのため「無言で伝える動作（ジェスチャー）」は非常に効果的です。

代表的なジェスチャーとして、

ゆっくりと首をふる／手で○、×をつくる／親指を立ててグッドをつくる／手を差し出す（ちょうだい）／行き先を指差して誘導する

などがあります。無言のジェスチャーは言葉よりも攻撃的ではないため子どもたちとの関係性を損なわずに問題行動への対応ができます。また、言葉で注意するよりも効果的に行動をコントロールできる場合があります。

ジェスチャーを使ってゆっくりと対応することで、先生は主導権を失うことなく、指導を進めていくことができるのです。

ゆっくりと首をふる・手で○、×をつくる・親指を立ててグッドをつくる

問題行動を目にしたら、まずはその子に目線を向けます。その子と目が合ったら、「それはだめな行為だ」というメッセージを込めてゆっくりと首をふることで、問題行動を抑止します。

「首をふる」という行為での抑止が成立するのは、その子と先生の関係性がある程度構築できているときです。「ゆっくりと首をふる」という先生の行為をじっと見つめることができるということは、ある程度関係性ができているということを意味します。関係性が構築できていない場合、その子は先生をちらちらと観察しますが、じっと見つめることはできないでしょう。先生がいくらゆっくりと首をふって見せても、その子に目を背けられてしまっては全く効果がありません。

目が合わない場合は、もう少し踏み込んだ動作が必要になります。

「手で×をつくる」というようなジェスチャーは、ちらっと見ただけでも子どもの目に入るため効果的です。

×をつくったまま、ゆっくりと近づいて距離を縮めます。彼がこちらをちらっと見たら×をつくったままそこで立ち止まります。それでも問題行動をやめなかったら、さらに近づいていきます。問題行動をやめることができたら、×の手をグッドのジェスチャーに変えてほほえみます。そして再び距離を広げて見守ります。

このように「無言の動作」と「距離」のコントロールによって、問題行動を抑止するのも有効です。

手を差し出す（ちょうだい）

落ち着かない子は、しばしば他人のものを取ったり、危険なものを手に取ったり、グループのものを独り占めしたりすることがあります。

他人のものを取る。カッターやはさみなど危険なものを手にする。グループのものを独り占めする。教師の机を勝手に開けて中のものをとる。準備室の中に入って中のものをいじる……などなど、数えればきりがありません。

この行為は、触ってはいけないものをわざと触ることで先生の反応を引き出し、主導権を握ろうとしている「釣り糸」を垂らしている行為です。このような場面で先生が「それはだめです。先生に渡しなさい」と言葉で指導する行為は、その子の垂らす釣り糸にまんまと食いつくようなものです。

そこで効果的なのが、「手を差し出す（ちょうだい）」というジェスチャーを用いる方法です。先生は無言で手を差し出し、ゆっくりと一歩ずつ近づいていきます。

このとき、「いやだ」「こっちにくるな」というように子どもたちが反発することもあるでしょう。しかし、先生は言葉を発さずに手を差し出したままその子をじっと見つめ、プレッシャーをかけます。関係性が構築できていれば、大半の子は握っている手を離すか、先生に渡すでしょう。だめな行動をする子に対しては、「手を差し出す」の動作と「距離を縮める」という組み合わせで問題行動をおさめていくことが効果的です。

行き先を指差して誘導する

落ち着かない子はしばしば、制約された場所から離れ、自由に行動することで主導権を握ろうとします。

離席して友達とおしゃべりをする。授業中、廊下に飛び出す。空き教室に入り込む。非常口を開けて立ち入り禁止の場所に入り込む……などなど、数えればきりがありません。

「あまり遠くまでいってしまうと心配だからね。5分したらちゃんと戻ってくるんだよ」

「あなたがいないと寂しいよ。教室に戻ってほしいな」

このような言葉がその子とかけ合える関係が成り立っているならば、すぐに連れ戻す必要はないでしょう。しかし、先生やクラスとの関係がこじれている子たちは自暴自棄になり、問題行動を繰り返すことで注目を集めようとします。このような状況ならば、適切な対応が求められます。

まず、教室を飛び出した場合、「待ちなさい」と急いで追いかけるのは避けます。少し距離をとり、ゆったりと後ろについて行きます。

その子に追いついたら、まずは前方を体でふさぎます。そして目線を合わせずに教室の方向を指差します。手を広げてエスコートするように誘導するジェスチャーも有効です。

無言で
指差す・うながす
それは
ちがうよ
もどるよ

この場合に重要なのは目線を合わせないことです。先生との距離が近づいている状態というのはただでさえプレッシャーを相手に強く与えます。教室から出ていった彼は指導の線引きである「危険な行為」「尊厳を傷つける行為」「邪魔をする行為」（3ボウ）のいずれかをしているわけではありません。にらみつけて過度なプレッシャーを与えるほどの指導をしなくても良い状況と言えます。

目線を合わせずに無言で教室方向を指差す。「いやだ」と言ったら、ゆっくりと首をふり、再度手で促す。このように無言で教室へと誘導していくことで荒れをエスカレートさせることを防ぐことができるのです。

無言の力

言葉が荒れの栄養になる

子どもたちはしばしば先生の言葉を踏み台にして反発し、問題行動をエスカレートさせることがあります。

先生 やめなさい　↓　**子ども** だまれ

先生 こっちにきなさい　↓　**子ども** 触るな

先生 話を聞きなさい　↓　**子ども** うぜーしらねー……

このように、彼らは自分の優位性を示すために反抗し、強さをアピールします。こうした状況では、先生の言葉は彼らを更なる問題行動に駆り立てる栄養分となります。このような事態を避けるために、指導する際は無言で動作することが賢明です。

例えば、「教室を指差す」というジェスチャーは、子どもたちが言葉で反発するのを難しくします。

先生が教室を指差す　→「わけわかんねー」

先生が再度教室を指差す　→「いかねーし」

先生が首をふってまた教室を指差す　→「……」

教室で見ている子どもからすると、先生は冷静なのに問題行動を起こす子が一人で叫んでいるような状況となるのです。無言のジェスチャーに対して一人で叫び続けるのは非常に疲れます。

言い争いがエスカレートしていくのは、「売り言葉」と「買い言葉」を交わすことが原因です。この状況を打破するためには、無言の動作で指導を行うことが効果的です。先生は言葉を発さずに無言で行動し、子どもたちを適切な行動へと促します。その結果、子どもたちが指示通りに改められたら、無言で「グッドサイン」を出し、笑顔でうなずいて肩をポンとたたきます。このように、言葉を使わない動作でコミュニケーションをとることが、問題行動を鎮めていくコツとなります。

主導権を握った指導

キーワード④「言葉」

「言葉」を意識して主導権を握る

最後のキーワードは「言葉」についてです。目線や距離、動作でも問題行動がおさまらない場合は「言葉」を使ってその子にアプローチする必要があります。しかし、「言葉」をかける際は慎重さが重要です。先ほど述べたように、かける言葉が適切でないとそれを栄養分にして荒れをエスカレートさせてしまうことがあるからです。では、どのような言葉かけを意識する必要があるのでしょうか？　考えていきましょう。

問題行動と対峙する際に、先生方が陥りがちなのは「落ち着いていないのに対話しようとすること」です。暴言を吐きながら大暴れをしている子がいるとしましょう。その子に対して「どうしたの？　落ち着いて。何があったの？」と対話を試みてしまうのです。
先生のこの言葉には二つのメッセージが込められています。

①落ちついて

②何があったのか説明して

大暴れしている子に二つのメッセージを同時に投げかけることは効果的ではありません。まずは「落ち着こう」というメッセージを中心に据えるべきです。

「何があったのか説明して」と語りかける先生に対して「やだ」と拒絶する子の場合、主導権は暴れている子にあります。「対話する・しない」という選択がその子に委ねられているため、対話を試みるとほとんどの場合、教師の敗北に終わります。先生が懸命に対話を試みることは、彼らに主導権を明け渡す行為となってしまうのです。

問題行動を起こす子には「まずは落ち着こう。落ち着いたら話をしよう」と伝えます。もし教室で大暴れしているならば、落ち着ける場所に連れて行き、話ができる状況まで待ちます。目が血走り挑発的な表情を見せている場合は、対話は不可能です。問題行動を起こした子が対話できるようになるまで無言で待つことが大切です。この指導の流れについては第６章で詳しく説明しています。

一貫して同じ言葉を

先生 それはだめだ！【腕をつかむ】→ 子ども うるせー！ はなせ！

先生 うるさいのはあなたでしょ！→ 子ども おまえのほうがうるせーし！

先生 あなたがそういうことするからでしょ！→ 子ども おまえにかんけーねーし!!

この会話では先生が対話を試みているように見えて、子どもの挑発に乗って荒れをエスカレートさせています。このようなやり取りは思いのほか多いものです。

問題行動を起こす子は先生の言葉を否定することで自分の強さをアピールしようとします。このような荒れのエスカレートを防ぐために大切なのは、「一貫して同じ言葉を繰り返す」ことです。私は問題行動に対して「落ち着こう」という言葉で対応することを心がけています。

先生 落ち着こう → 子ども うるせー！ はなせ！

先生 落ち着こう → 子ども 落ち着けるわけねーだろ。うるせーんだよ！

先生 落ち着こう → 子ども おまえがつかんでるから落ち着かねーんだろ！

問題行動を起こす子に対して、先生が同じ言葉を繰り返して対応することで、子どもが先生の言葉の揚げ足を取ることが難しくなります。先生が挑発に乗らず「同じ言葉」で対応することで、返す言葉がなくなり、子どもたちは最終的には静かになっていくのです。

その子が落ち着いた状態になったら、「ようやく落ち着いたね。待っていたよ。がんばったね」と肯定的な言葉で迎えることが大切です。ただし、その言葉によってその子が再び挑発的な言葉を叫び始めたならば、まだ落ち着いていないということを意味します。その場合は再び「落ち着こう」という言葉を繰り返していく必要があります。

先生は冷静に「落ち着こう」という言葉を使い続けることで、子どもの挑発に応じない姿勢を示していくのです。この一貫した対応によって、子どもが先生の言葉に反応してエスカレートすることを減らしていくのです。

お釈迦さまへの悪口

無言で指導をするときに私がいつも思い出すのが「お釈迦さまへの悪口」という寓話です。

あるところにお釈迦さまがみんなに尊敬されていることをひがんでいる男がいました。男はお釈迦さまに恥をかかせてやろうと、人々の前で口汚くののしってやることにしました。お釈迦さまは表情ひとつ変えずに男の悪口をずっと聞き続けています。

とうとう男は一方的に悪口を言い続けて疲れ果て、その場にへたりこんでしまいました。どんなに悪口を言ってもお釈迦さまが言い返してこないので、なんだか虚しくなってしまったのです。お釈迦さまは座り込んだその男に静かにたずねました。

「もし他人に贈り物をしようとして、その相手が受け取らなかったとき、その贈り物は一体誰のものだろうか？」

こう聞かれた男は、突っぱねるように言いました。

「そんなの当たり前だ。相手が受け取らなかったら贈ろうとした者のものだろう」

そう答えた後、男は「あっ！」と気づきました。

「そうだよ。今あなたは私のことをひどくののしった。でも私はそれを受け取らなかった。だからあなたの言った言葉はすべてあなたが受け取ることになるんだよ」

この話は生徒指導を行う際にも通じるお話のように思いませんか？ 心が荒れた子はしばしば口汚い言葉であなたを煽ってくるでしょう。そんなときはまずはお釈迦さまのように無言で対応し、相手の攻撃を受け流すことが大切です。相手がこちらを挑発し、怒らせて主導権を握ろうとしてきても、一貫した姿勢で対応するのです。これにより先生は主導権をしっかりと握り、問題行動をエスカレートさせずに対処していけるのです。

2択で迫る

教室を飛び出した子に無言で教室を指差し、動作で戻るように促してみた。しかし、戻ろうとしない。そんなときはどうすればよいのでしょうか？

そんな場面で有効なのが「2択で迫る」という方法です。

「教室に戻れるかい？　それとも1分だけここで休んでから戻ろうか？」

というように「すぐに教室に戻る」ということ以外の選択肢を提示してあげるのです。他人からの命令には反発する子どもでも、自分で選択したことには素直に応じることが多々あります。選択肢を増やして子どもたちに選んでもらうことで、「先生はあなたの選択

2択
先生が止める？自分でやめる？
自分でやめてくれたら、
先生はうれしいけどね。
どちらでも好きな方を選んでいいよ

を尊重しているよ」というメッセージを伝えることができます。子どもたちが自主的に選択した行動は、成長にとって重要な経験となります。私たち教師が一方的な命令をするのではなく、選択肢を与えることで子どもたちの自主性を尊重しながら対話を進めていくのです。

2 択提示の注意点

しかし、気をつけなければならないことがあります。それは、子どもたちが喜ぶような選択肢を提示するのは避けるということです。

例えば、「教室に戻る？　それとも図書室で本を読む？」といった選択肢を与えたらどうなるでしょうか？　多くの子どもたちは教室から遠ざかってしまう恐れがあります。教室に戻していくことが目的なのに、教室から遠ざかる選択肢を出してしまうことは問題行動を増長させる結果になりかねません。一度でもこういうことが起きると、彼らはその経験をもとにして要求をし始めます。

「教室に行く？　それとももう少しここで落ち着くまで休む？」という問いかけに対し

て「どっちもやだ、図書室に行く！」というように新たな選択肢を出してくるのです。

このやりとりを聞いて危険信号を感じた人はもう感覚を掴み始めています。そうです。この「どっちもやだ、図書室に行く！」という行為は彼らが主導権をこちらから巧みに奪おうとする行為である場合が多いのです。先生が出した選択肢以外のものを提示して、それを認めさせることで主導権を奪おうとするのです。

確かに、大暴れしていた子が落ち着いた表情で「図書室なら行く」と言った瞬間、私たちは安心してしまい、その選択を認めてしまいがちです。しかし、長期的な視点で見ると、それを許すことは問題行動を起こす子の行動範囲を広げる可能性があります。

「〇〇先生はいいって言っていたのになんでだめなの⁉」

この言葉も問題行動を起こす子がしばしば使う言葉です。こういう場面でもたじろがずに、自分が提示した２択を貫き通すことが重要です。子どもたちが別の先生の意見を引き合いに出すときは、冷静に「今は私が話しているんだよ。だから今、〇〇先生は関係ないんだよ」と伝えます。感情的にならず、自信をもって主張することが大切です。

長期的な視点で問題行動を改善へと導くためには、自分が子どもたちに対して提示した２択を一貫して守り通すことが重要なのです。

数をかぞえる

「2択」を示しても子どもが動こうとしない場合は、より効果的なプレッシャーをかける必要があります。このような場面では「数をかぞえる」という方法が有効です。

教室の棚の上にのぼっている子がいたならば、

「あと10秒で降りてきてね。10秒以内に降りてくれないとあなたの腕をつかんで降ろさなければならなくなるよ。自分で降りてくれるとうれしいんだけどな。じゃあかぞえるよ。10・9・8…」

と伝えます。この方法は「10秒」という時間的な制限が加わるため、よりプレッシャーが強まります。ここで重要なのは、もしカウントダウンが0になった場合は宣言した通りに子どもを降ろすことです（もちろん安全に注意して）。もしカウントダウンが0になっても宣言した行為をしなかった場合、子ども

数える

は「この先生は0になっても無理やりやめさせることはしないな。無視してもいいや」と思ってしまうからです。

回数制限をする

子どもの問題行動への対応において大切なことは、明確な回数制限を設けて語りかけを行うことです。

「3回までしか言わないよ」

というように、指導回数を限定することで、先生の伝えたいメッセージを理解する時間と考える機会を与えていくのです。3回問題行動を改めるように促しても応じなかった場合、適切なタイミングで指導に踏み出すことが必要です。

これはサッカーでいう「イエローカード」のようなものです。「それはだめだ」と警告しに行く。そしてまた観察する。再度だめならまたイエローカードを出す。私の場合は3回目のイエローカードで退場（場を変えて強めの指導）というイメージをもっています。

このように指導にはメリハリが大切なのです。このメリハリを生み出すもの。それが

「線引き」なのです。

3回の促しを通じて子どもたちは自分の言動について考えることが求められます。仮に最初の促しで行動が改善されなくても、2回目や3回目の指導で成長や変化が見られることもあります。そのため、先生は少なくても3回は語りかけることが重要です。また、先ほどの「2択」や「数をかぞえる」という手法を組み合わせることも有効です。

例えば、3回目の指導の際に、「最後の1回だよ。あと10秒以内にそれをやめてね。10、9、8……」というように数をかぞえる語りかけを加えると効果的です。このようなアプローチによって、子どもたちに行動を改める時間を確保するのです。問題行動を先生に無理やり止められても、それは成長とは言えません。子どもたちが自分で考えて行動を改められるように促すことで、自信を育んでいくのです。

回数制限

3回までしか言わないよ？
3回を超えたら少しきつく伝えないといけなくなるよ

くりかえしの指導で自身を見つめさせ、子どもたちが自ら考える力を養うことが大切です。先生が適切なサポートを行うことで、子どもたちが問題行動を改め、成長していける

ようにするのです。

主導権を握りながら成長へと導く

主導権を握った指導のことを話題にすると「この本の筆者は常に主導権を握りしめ、子どもたちを恐怖で支配する人物なのだろう」と思われるのではないか？　私はそんな恐れを抱きながら、この文章を書き進めています。しかし、それは誤解です。

主導権を握るのは、恐怖で支配するためではありません。彼らの成長を促すために必要な指導を行うためには主導権を握らねばならないのです。大切なのは先生が子どもたちの心を耕し、自信を育み、自ら考える力を養う助けとなることです。それを忘れないようにする必要があります。

主導権を握りながらも、子どもたちの声をしっかりと聴き、心を大切にした指導を行いたいものです。それを見失うと、主導権を握った指導はたちまち恐怖を与える指導へと変わってしまうでしょう。

自然体で繰り出されるテクニック

以前私が勤めていた学校にはA先生という生徒指導が上手な先生がいました。どんなに暴れている子でもA先生と対話をするとみんな落ち着いていくのです。「A先生の指導はなぜ子どもたちを落ち着かせていくのだろう？」私はずっと疑問に思っていました。

ずっと観察しているうちにわかってきたことがあります。それはA先生が主導権を握るために様々なテクニックを使っているということです。

私が「A先生って、こういうことをしていますよね。だから子どもたちが落ち着くのですね」と伝えるとA先生は笑いながら「なるほど……言われてみれば確かにそうかも……。でも自分では全然気づかなかったなぁ……」と話していました。どうやらA先生はテクニックを使って子どもたちを思うままに動かそうなんて、全く考えていなかったようです。

「テクニック」というと、子どもたちを手の平の上で転がすような印象をもつ方もいるかもしれません。しかしそれは違うと私は考えています。まずはしっかりとテクニックを知ることが大切です。そして、知ったことをいかに自分の中にとかしていくか考えてほしいのです。A先生のように意識せずともすべての言動から相手への思いがにじみ出てくる。そんな先生が増えたらうれしいなぁと願いながら、この文章を書いています。

第5章

指導をつなぎ合わせる

「動の指導」と「静の指導」

自分の指導を客観的に見つめる

生徒指導が巧みな先生は子どもたちと向き合う際に、「指導をしている自分の姿」も客観的に観察しているものです。自分が現在「動の指導」をしているか、「静の指導」をしているかを考えながら子どもたちに接しているのです。

「静の指導」とは柔らかく子どもたちに指導を進める方法です。それに対して「動の指導」とは子どもたちに直接プレッシャーを与える指導のことです。「目線・距離・ジェスチャー・無言」などの指導は静の指導。「2択・数をかぞえる・回数制限」などの指導は動の指導と言えます（詳しくは次ページの表をご覧ください）。

荒れをエスカレートさせる指導

一つ例をあげましょう。たいち君とでもしましょうか。たいち君は普段から落ち着かない子です。普段から友達にちょっかいをかけたり、いやがることをしたりして教室をかき乱しています。クラスの友達はそんなたいち君のことを警戒しています。

周囲の子はたいち君に何かいやなことをされると明らかにいやな顔をして「やめて」と言います。相手がいやがっていることをわかっているのに、たいち君は執拗にいやがらせを続けます。幸いクラスの中にたいち君に同調する子はまだいません。ここから察するに教室の荒れレベルは２の状況です。

動の指導	静の指導
・一気に距離を詰めていく	・ゆっくりと距離を詰める
・にらみつける	・遠くから見つめる
・「やめなさい」と大きな声で言う	・目線を向けない、目線ずらし
・腕をつかむ	・ゆっくりと首をふる
・物をとりあげる	・手で×をつくる
・走って追いかける	・手を差し出す（ちょうだい）
	・行くべき方向を指差して促す

そんなたいち君ですが、今日はとなりの席の友達の消しゴムをとりあげました。友達が返してと言っても「えっ⁉　もってないよ」と知らんぷりして返しません。

さて、これは荒れているクラスでなくてもよく見られる事例ですね。では、こんなときに先生はどのように対応していけばよいでしょうか？「動の指導」と「静の指導」の視点を取り入れながら考えていきましょう。

こんな対応はどうでしょうか？

たいち君が消しゴムをとりあげている行為を見つけたB先生。「なにをやってるんだ！」と大声をあげました。そして、たいち君の所にずんずん近寄っていき、にらみつけました。

「隣の子がいやがってるだろ！　すぐに返しなさい！」

先生のすごい剣幕に、たいち君は驚き、消しゴムを握りしめたまま机につっぷしました。「返しなさい！」つっぷしたたいち君に先生はもっと大きな声をぶつけます。それでも動かないたいち君を見て先生は彼の腕をつかみ、消しゴムを握っている手を引きずり出しました。そして握りしめているたいち君の指を一本ずつ引きはがして、消しゴムをとりあげました。そして隣の子に返しました。力でかなわなかったたいち君は、先生をにらみつけました。先生はたいち君をにらみ返し「何をにらんでるんだ！　お前が悪いんだろ！」と怒鳴りつけました。そしてくるりと背を向け、黒板の前に歩いていき、授業を再開しました。

さて、読んでいる方々にお聞きしたいと思います。B先生がたいち君にした対応は良い対応だと思いますか？

……その通りですね。この対応はあまりほめられたものではないですね。でもB先生の気持ちもよくわかります。問題行動が毎日のように繰り返されると先生は余裕がなくなっていきます。余裕のなさから私もこのような対応をしてしまったことが過去にたくさんありますから……。では質問を変えましょう。

「この対応はなぜうまくいかないのでしょうか？」少し考えてみてください。

「動の指導」が荒れをエスカレートさせる

B先生は、たいち君の問題行動への対応で「動の指導」（直接プレッシャーを与える指導）ばかり行っていることにお気づきでしょうか？　そのため、たいち君はどんどん頑なになってしまい、うまく指導が通らなかったのです。

・「なにをやってるんだ」と大声をあげる（動の指導）
・ずんずんと近づいていく（動の指導）
・にらみつける（動の指導）
・すごい剣幕で叱りつける（動の指導）
・腕をつかむ（動の指導）
・無理やりとりあげる（動の指導）

いかがでしょうか？　書き出してみるとB先生の行っている指導は「動の指導」のオンパレードです。このように「動の指導」で押さえつけられ続けた子は、同じことを他の子にもやり始めます。なぜならB先生の指導か

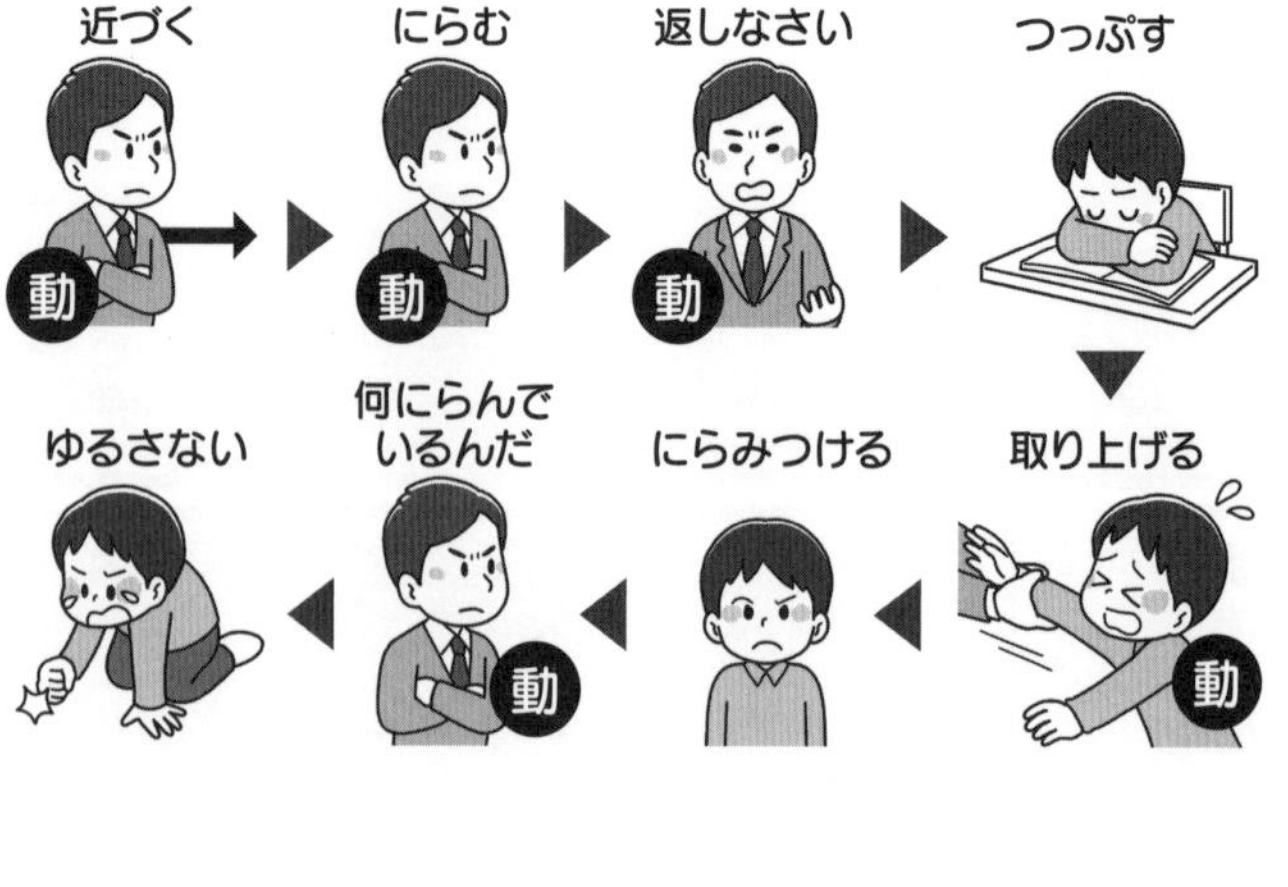

ら「強い者は何をしてもいい」と学んでしまっているのですから。

このような指導を続けていくと、たいち君は先生には力で敵わないと悟ります。そうなった場合、彼が次に取る手段は次の二つです。一つ目は「へこへこして先生にこびへつらい、先生の前ではいい顔を見せる」という手段。そしてもう一つは「力ではなく、もっと陰湿な手を使って先生を困らせる」という手段です。先ほどの指導では一見、先生がたいち君を力でねじふせ、しっかりと指導を通すことができたように見えます。しかし実際はたいち君の反抗心を煽り、どんどん状況を悪化させているのです。

「問題行動をきちんと指導したい」という先生の思いは痛いほどよくわかります。しかし「動の指導」を続けていてもたいち君の心をきちんと成長させていくことにはつながらないのです。

たいち君の例は少し大げさだったかもしれません。しかし生徒指導がうまくいかず、子どもたちとの関係性が冷えていくと、知らず知らずのうちに「動の指導」の連鎖に陥ってしまうことがあります。大切なのはそれを自覚することです。「あっ、今自分は『動の指導』ばかりに頼っているな」と気づくこと。それが荒れをこじらせない指導への第一歩なのです。

「静の指導」を意識する

荒れを鎮めていく「静の指導」

では、消しゴムをとったたいち君の例ではどのように対応していけばよいのでしょうか？　ここで覚えておいてほしいのが「静の指導から動の指導へ」という鉄則です。

消しゴムをとりあげた行動を先生が目にしたとき、まず観察してほしいのはたいち君と目が合うかどうかです。たいち君がこちらを観察しながら問題行動を起こしているのかどうか探るためです。もしもたいち君と目が合うならば、その場で彼に「じーっ」と目線を送ります。……静の指導1（目線）

←　たいち君と目が合わない、もしくは目が合っても消しゴムを返さないときは、少しずつ距離を詰めていきます。さきほどから半分ぐらいの距離まで近づきます。たいち君が「先生が来るかも」と思ってこちらを見たら成功です。そこで一旦立ち止まり、彼を見つめます。……静の指導２（距離・目線）

←　関係がこじれていなければ、この辺りでたいち君は隣の子に「はい」と消しゴムを返したりするものです。しかし、それでも返さない場合もあります。そういう場合は「静の指導」を積み重ねていきます。「じーっ」と見つめて目があったらゆっくりと首をふります。……静の指導３（目線・動作）

←　それでもやめなかったら、手で×をつくったり消しゴムを指差したりしながら、たいち君がこちらを見るまで静止します。……静の指導４（目線・動作）

←　このあたりまでくると、先生が自分に「だめだよ」と伝えていることをたいち君はしっかりと理解しているでしょう。これでもたいち君が消しゴムを返さなかったら、さらに距離を詰めていきます。初めに立っていた場所から3分の1ぐらいにまで距離を詰めていきます。……**静の指導5（距離）**

←

3分の1にまで距離を縮めてもやめないなら、たいち君の隣までゆっくりと近づきます。……**静の指導6（距離）**

←

そして、優しく肩をたたいて目を合わせ、ゆっくりと「ちょうだい」の手を差し出します。……**静の指導7（動作・目線）**

←

それでも渡さなかったら、再度優しく肩をたたいてじっと見つめます。……**静の指導8（動作・目線）**

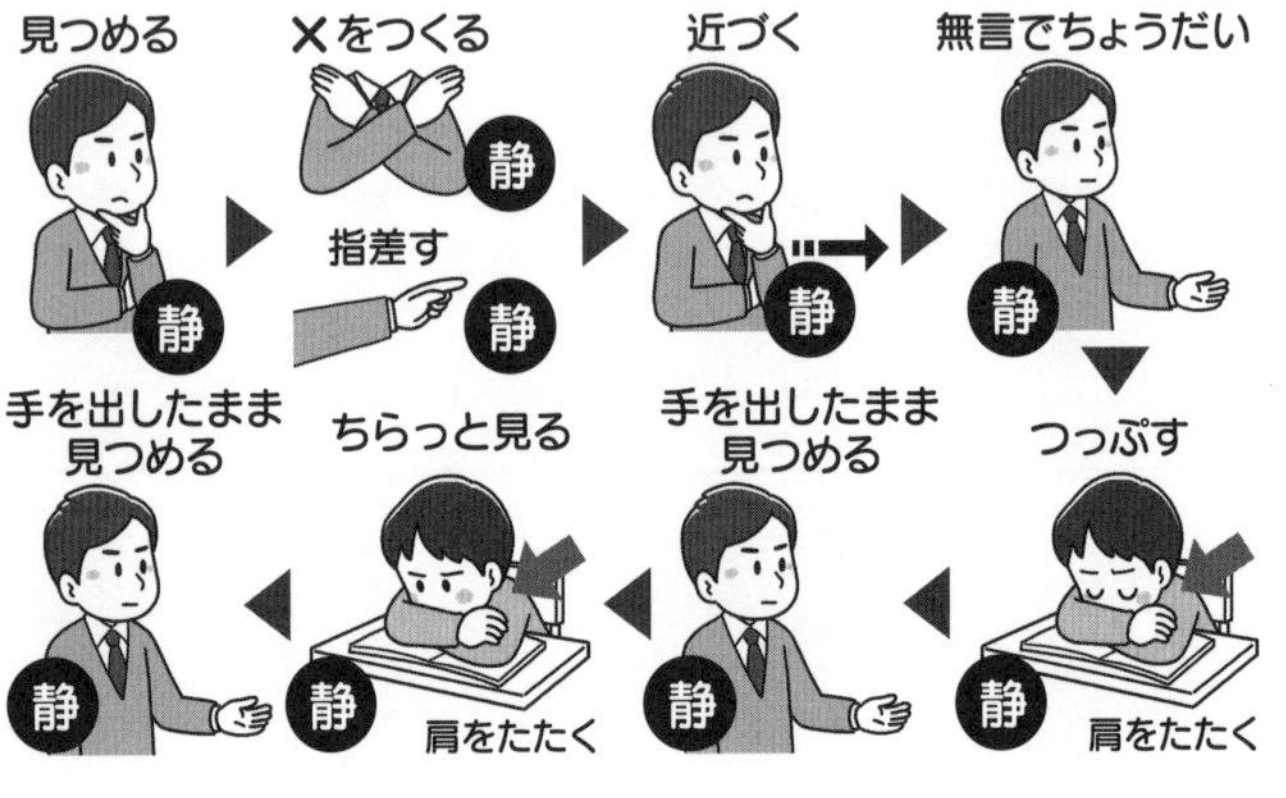

↓

そしてもう一度「ちょうだい」の手を差し出します。

……静の指導９（動作）

ほとんどの子はここまでの指導で消しゴムを手渡します。もしも返すことができたら指先で「グッド」のサインをつくります。返すことは当然なので、大げさにほめる必要はありません。そっと肩に手をおいたり、ニコッと笑ってうなずいたりするなど、様々な方法で「それでいいんだよ」という思いを伝えます。伝える際は指導するときと同じで声を出さずに伝えるのがよいでしょう。そしてゆっくりとはじめの場所に戻り、距離をとります。

いかがでしょうか？　問題行動を目にした後、ここまで「静の指導」を積み重ねていくことができます。最初から大声で怒鳴り、近づき、とりあげるという「動の指導」を行うことがいかにもったいないことなのかが見えてきたのではないでしょうか？

「静の指導」から「動の指導」へ

「静の指導」が通じなかったら

子どもたちの中には「静の指導」をここまで丁寧に積み重ねても、消しゴムを渡そうとしない子がいます。このような場合、その子の心は非常に固くなっていると考えられます。先生や周囲の友達との関係性が冷え切っており、素直に行動を改めることができなくなっている可能性があります。

ここまでの状態になっているならば先生は「静の指導」から「動の指導」へと切り替えていく必要があります。しかし「静の指導」に応じないからといっていきなり血相を変えて厳しく叱りつけるというのは避けるべきです。ここで大切なのは「動の指導」の段階を少しずつ引き上げていくという考え方です。

消しゴムを握って返さないたいち君に対して先生は「ちょうだい」の手を差し出したまま、はじめて声を出して指導をします。

「これ以上返さないと、君をきつく叱ったり、とりあげたりしなければならなくなるんだ。先生はそれをするのはすごくいやなんだよね。君のことはとても好きだし、君の良いところもたくさん知っているからね」……… **動の指導1（言葉）**

それでも渡さないときは2択で示します。

「消しゴムを返してほしいな。消しゴムを先生の手にのせる？　それとも自分で友達に返す？　たいち君の好きな方法。どちらでもいいよ。」……… **動の指導2（言葉：2択）**

このように自分で選択できる場をつくりながら、子どもたちに行動を改める機会をつくってあげます。中には本当は返したいと思っていたのに意地をはってこの段階まできてしまったという子もいます。そういう子にはきちんと逃げ道を用意してあげるべきです。

このような言葉かけを3回行っても反応が得られないなら、最後の言葉かけを試します。最終手段は「数をかぞえる」です。

「今からゆっくりと10かぞえるからね。先生が10かぞえるうちに先生に渡すか、友達に返すんだよ。いくよ。10・9・8……」

動の指導3（言葉：数をかぞえる）

いかがでしょうか？　腕をつかんでとりあげるという「極端な動の指導」をする前に、こんなにたくさんの「穏やかな動の指導」のアプローチがあります。問題行動が起こる度に根気強くこれらの方法を試していくことで子どもたちの行動が少しずつ変わり始めます。例えば、数をかぞえないと消しゴムを返せなかった子が「ちょうだい」のジェスチャーをするだけで手渡せるようになったり、首をふっただけで問題行動をやめられるようになったりするのです。

このように問題行動を起こした後の行動が少しずつ変わっていくことが実感できるはずです。そんな成長が見られたときこそチャンスです。

「今日、君はすごく成長したね」
「そんな風に自分を変えられる君はこれからもっと伸びていくよ」
「君は最近すごくいい顔をしているね。応援したくなるよ」

このような声をかけ、変わろうとする想いを認めていくのです。このような地道な声かけの繰り返しが子どもたちとの関係性を耕していきます。「静の指導から動の指導へ」という意識をもちながら子どもたちに接すると、どなったり、無理やり止めたりすることなく問題行動をおさめていけるようになります。

しかし、残念ながらこのようなアプローチを行っても問題行動をやめることができない子も一定数存在します。そういう場合、その子の心は複雑にこじれている可能性がありま す。こうした子にはさらなるサポートが必要です。そのようなケースについての対応方法は後ほど詳しく説明していきたいと思います。

Column

炭鉱のカナリア

教室が落ち着かなくなったとき、私たちは問題行動を起こす子に注目しがちです。しかし、それはあまりベストな方法とは言えません。

「炭鉱のカナリア」という言葉を知っていますか？

「炭鉱のカナリア」とは何らかの危険が迫っていることを知らせてくれる前兆のことをいいます。これは、炭鉱で有毒ガス（危険）が発生した場合、人間よりも先にカナリアが察知して鳴き声（さえずり）が止むことから、その昔、炭鉱労働者がカナリアを鳥かごにいれて坑道に入ったことに由来するそうです。

問題行動を起こす子を見るたびに私はこの話を思い出します。問題行動を起こす子どもたちは決して問題児ではありません。彼らは「炭鉱のカナリア」のように周りの状況を敏感に察知し、それに反応してしまうだけかもしれない。私はそう考えています。

問題行動を起こす子だけに目を向けるのではなく、その子を含めた周りの環境（教師自身も含む）を観察することが重要です。彼らの行動は単独の問題ではなく、環境や他の要素と密接にかかわっていることがあるからです。問題行動への解決策を見つけるには、周囲の状況も含めて総合的に観察していく必要があります。

第6章

大きな荒れに立ち向かう

大きな問題行動をどのように指導していくか

暴力行為が頻発する学校

ここまでは「静の指導」と「動の指導」を組み合わせて子どもたちの問題行動に立ち向かっていく方法について説明してきました。先生側が主導権をしっかりと握り、荒れをエスカレートさせないように指導を積み重ねていけば、問題行動はある程度改善していけます。

しかし、中には荒れが進み、目線や無言の動作という「静の指導」をしても「選択肢を与える」「数をかぞえる」というような「動の指導」をしても問題行動を改善できない場合も多くあります。それどころか、指導をされるとさらに大暴れをして先生に対して暴力をふるう様子も目にします。校内で子どもたちの暴力行為が横行している。もしもあなたの学校がそんな状況だったら、それは非常に危険な状態です。一人でも子どもたちに暴力をふるわれた先生がいるならば、理由がどうであろうと先生方は一致団結して暴力行為に立ち向かわなければなりません。

「たいしたけがではないので……」「あの子はしかたないんです……」「様子をみましょう」こんな言葉で子どもの問題行動に向き合おうとしない先生がまれにいます。子どもを守ろうとしているのかもしれませんが、それは間違っています。その子が社会に出たときに同じことを繰り返したらどうなるでしょうか？　その子の未来のためにも「暴力行為」には毅然として立ち向かわなければならないのです。「そのうち落ち着くだろう」などと悠長に構えていてはいけません。何があろうと暴力行為は絶対にだめだと伝えていかないと学校の荒れは一気に広がっていきます。

暴力行為が頻繁に起きると「暴力をふるわれた先生」も「暴力をふるっている子ども」も「周りで見ている子どもたち」もみんな傷ついていきます。そのような悲劇を防ぐためにもこの章では、暴力や暴言のような大きな問題行動にどのように向き合っていくか考えていきましょう。

クールダウンルーム（CDR）をつくる

対話ができる場所づくり

私が生徒指導主任になったとき、一番初めに着手したのは「指導の最終防衛ライン」をつくることです。具体的にいうと「クールダウンルーム（CDR）」の設置です。

クールダウンルームとは大暴れをしたり、わがままを言って対話に応じようとしなかったりする子と対話をするために一緒に入る部屋のことです。

一般的に「クールダウンルーム」というと、入った子どもたちがリラックスできるように物の配置を工夫したり、ストレスを発散させられるようなグッズを置いたりすることが多いのではないでしょうか？

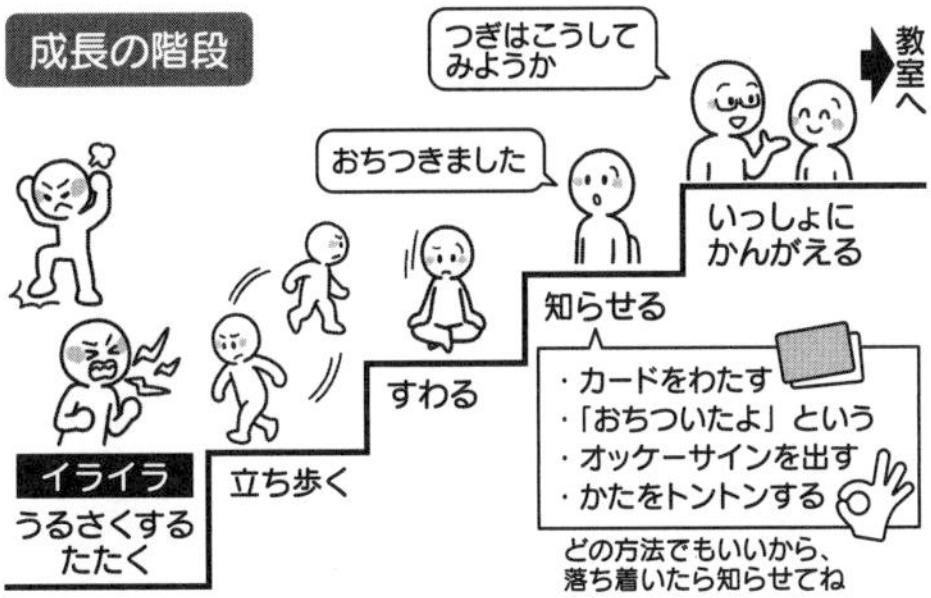

しかし、私の学校では、クールダウンルームの中には何も物を置かないことにしています。その理由は、「自分自身との対話」に子どもたちを導いていきたいからです。

感情が爆発したときに大切なことは「自分自身と向き合うこと」です。物を置かないことで、人にも物にも頼らずに、自分の力で落ち着きを取り戻していけるように促していくのです。

クールダウンルームにあるのは壁に貼ってある一枚の掲示物だけです。問題行動を起こした子どもと一緒にクールダウンルームに入ったとき、まずはこの掲示物を見ながら話をします。

クールダウンルーム（ＣＤＲ）での指導手順

ＣＤＲでの指導手順をまとめると、以下のようになります。

①掲示物を見ながら部屋を出るまでの流れを確認する

ＣＤＲに入った後、子どもと一緒に先ほどの掲示物を見ながら、ＣＤＲを出るまでの流れを確認します。具体的には、なぜＣＤＲに入る必要があるのか、どのように過ごすのか、部屋を出る方法などを説明します。

②子どもが落ち着くまで待つ

子どもに「落ち着いたら知らせてね」と伝え、その後は静かに子どもが落ち着くのを待ちます。子どもが自分のペースで感情を整理し、リラックスできるように配慮します。

③子どもが「落ち着きました」と知らせてきたらその勇気をたたえる

子どもが「対話がしたい」と伝えてきたら、その勇気をたたえます。子どもが自ら自分の感情をコントロールし、落ち着いて対話しようとしていることを肯定し、励まします。

④対話をして次にどうすればいいのかを考える

子どもが落ち着いた後は、先生と対話する時間を必ず設けます。問題行動を起こしたときのその子の気持ちや状況を尊重しつつ、なぜ暴れたのか、どのように感じたのかなどを尋ねます。

その後、今後同じ状況を避けるためにどうすれば良いのか、感情のコントロール方法を一緒に考えることで、子どもの成長と学びの機会につなげます。

⑤担任の先生に落ち着いて話せたことを報告する

ＣＤＲでの指導が終わったら、子どもが落ち着いて話せたことを担任の先生に報告します。その子がどんな風に自分と向き合い、自分をどのように変えていこうとしているのかを、一緒に伝えてあげるのです。隣でその子のがんばりを伝えてあげることで、その子は自分を応援してくれている人の存在を感じることができます。

これらの手順で指導をすすめることで、ＣＤＲは子どもたちが感情をコントロールし、自己理解を深める場となります。ＣＤＲを正しく使うことで子どもの成長と発達をサポートすることができるでしょう。これが私の考える「指導の最終防衛ライン」です。

CDR活用のポイント

入室まで

CDRは「おしおき部屋」ではない

CDRは子どもたちが感情をコントロールすることを学び、自己理解を深めていく場として活用されるべきです。CDRを「おしおきの場所」として利用する考え方は間違っています。CDR使用の目的は「対話をすること」です。問題行動を起こしたからといってすぐにCDRに入れるというのは間違っています。CDRに運ぶ決断をする前に先生はその子に対して積極的に対話を試みることが大切です。感情を受け止め、その子の思いや考えを尊重し、問題を解決するための対話の機会をつくります。

主導権を握って対話を試みる

感情が高ぶっていて対話がうまくいかなかったり、周囲の子どもたちの安全が脅かされたりする場合には、適切なタイミングでＣＤＲに連れていきます。しかし、連れていく前にその子ときちんと対話を試みることが大切です。その際に役に立つのが第４章で紹介した「２択で迫る」「数をかぞえる」「回数制限をする」という「動の指導」です。

「ここで先生と話をする？　それともＣＤＲに行って話をする？」（２択）
「10かぞえる間に、話を聞ける姿勢をつくってね」（数をかぞえる）
「３回言っても話が聞けないときはＣＤＲに行こうね」（回数制限）

このように「主導権を握りながら」対話を試みましょう。ゆっくりと、優しく語りかけても対話に応じられない場合はＣＤＲへと場所を変えた方がよいです。

もしも、ＣＤＲに行かずに、教室で「これからどうするか？」という対話ができたならば、それはすばらしいことです。そのときは成長をたたえてあげたいものです。

安全に運ぶ

子どもをＣＤＲに運ぶ際に一番大切なことは「安全」の確保です。ＣＤＲに無理やり連れて行くことで、その子にけがをさせてしまったならば本末転倒です。運んでいるときに子どもが暴れ、階段から落下させてしまったり、無理やり腕を引っ張って腕が抜けてしまったり……そういう事故は絶対に防がなければなりません。

子どもが暴力的な行動をとる可能性がある場合や、自傷行為が心配される場合は、複数の先生でサポート体制を整えて対応する必要があります。運ぶときは必ず、複数の先生で上半身と下半身をもって運ぶなど、安全確保のためのルールを決めたうえでＣＤＲへの移動を行います。運ぶ際にも先生はその子に対して冷静になるように話しかけ、さらなる興奮や衝突を避けるよう心がけます。

私の学校ではトランシーバーを担任外と各学年に配備しています。ＣＤＲに運ぶときは一人ではなく、応援を呼んで対応することにしています。

次へとつながる指導に

「３回言ってもきちんと話が聞けないならばＣＤＲへ行こうね」と言ったにもかかわらず対話ができなかった子。いざＣＤＲに連れて行こうとすると「行きたくない！　やっぱりここで話をする！」という子がいます。こういう場合の対応には注意が必要です。冷たいと思われるかもしれませんが、私はこういう場合も「３回って約束したから、ＣＤＲへ行くよ。そこで話をしようね」と伝えてＣＤＲへと場所をうつします。

この要求に応じるとその子は「連れて行かれるときにあやまればいいんだ」と学んでしまうからです。そうなると３回という回数制限は全くの無意味になってしまうのです。「３回語りかけても対話に応じられないならＣＤＲへ行こう」と伝えたならば、その通りにする。そのような一貫した姿勢をもって指導をすることが重要です。３回言っても話を聞けなかった子が、２回で話を聞けるようになり、今は１回目で話が聞けるようになってきた。このように回数が減っていくならば、それは「次へとつながった指導」と言えるでしょう。

CDR活用のポイント

落ち着くまで

出るための道筋を示す

CDRに入室した後に私は必ず「成長の階段」（123ページの図）を指差しながら子どもたちに語りかけます。

「この部屋は心を落ち着かせるための部屋だよ。この成長の階段を一段ずつあがっていこうね。感情を出してもいいからね。歩きたいなら歩いてもいいよ。でも、落ち着いたならばまずは座ってね。そして、どんな伝え方でもいいから落ち着いたことを先生に知らせてね。その後、これからどうするかを一緒に考えていこう。君と話ができるのを先生は待っているからね」

ＣＤＲは閉じ込めるための部屋ではありません。

「一緒に対話をしよう。それが終わったら教室に戻ろうね」

と伝えるのです。これをせずに、ただＣＤＲに閉じ込めるのは監禁です。

ＣＤＲに入る子は、自分の感情を整理し、落ち着く時間を必要としています。そのため、ＣＤＲに入った後も、必ず出るための道筋を示してあげることが大切です。出るための方法や条件を明確に伝えることで、その子は自分自身が落ち着いて対話すればＣＤＲから出ることができるのだと理解し、安心感を得ることができます。

中には大暴れして先生の話を全く聞こうとしない子もいるでしょう。

「うるせー！　おまえと話なんかしねーからな！」

もしそんな風に言われても大丈夫です。「待っているよ」と落ち着いて伝えればよいのです。

待ち続ける

ＣＤＲに一緒に入った先生がやることは基本的に「待つ」ことです。その子がどんなに叫んでいても、もだえていても、暴言を言ってきても落ち着くことを信じて「待つ」のです。

「落ち着いたら話をしようね。待っているよ」

そう言い続けるのです。この部屋に入る子の多くは今までに間違った学習をしてきています。それは「問題が解決するように先生が動いてくれる」という学習です。

自分が大暴れしても話し合いから逃げても、最後には必ず先生が「話をしよう」「一緒にあやまろう」というように手を貸してくれると思っているのです。

自分が何もせずとも常に周りが「助けてあげるよ」と言い続けていたら、その子は自分で問題を解決しようとしなくなります。その結果、誰かが解決してくれるのをじっと「待つ子」になります。待ち続けても、周りが自分の思い通りに行動してくれないとどうなるでしょうか？「待つ子」は解決してくれない周りを「恨む子」へと変わります。問題行動を起こす子の多くはこのような思考に陥っています。

「怒らせたあいつが悪いんだ」「何もしてくれない先生が悪いんだ」とすべてを恨む。この誤学習から解き放つために大切なのは「自分から一歩踏み出さないと問題は解決しないのだ」という強烈な体験なのです。

心のバケツは上向きか？

問題行動を起こしてしまった子と話すとき、私はその子の「心のバケツ」の様子を探っています。どの子も「心のバケツ」をもっています。そのバケツが上向きならば、私の言いたいことはバケツの中に注がれ、私の気持ちは伝わるでしょう。

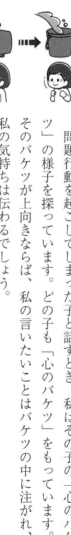

しかし、心のバケツが横向きだったり、下向きだったりしたらどうなるでしょうか？　もちろん私の伝えたいことは何一つ伝わりません。私がその子と対話をするのは心のバケツが上向きのときだけです。

「成長の階段」の上から二段目に「知らせる」という段階をつくっているのはそのためです。「知らせる」というのはいわば「心のバケツを上向きにする」ということなのです。

「先生から『対話をしよう』なんて言わないよ。勇気を出して君から一歩踏み出してきてごらん。そのときを待っているよ」というメッセージなのです。その子から歩み寄っててくるのをじっと待つ。そして、その子が「落ち着きました。さっきのことについて話がしたいです」と言ってきたら「待っていたよ。その言葉を言うのは勇気が必要だったでしょ。それが成長だよね。とてもうれしいよ」と共に成長を喜ぶ姿勢が必要なのです。

心のバケツが上向きになるまで、じっくりと待つ。その覚悟がＣＤＲ指導の成否を決める鍵となります。

動じない

「暴れれば思い通りになる」

そのように思い込んでいる子は、ＣＤＲに入れられると大パニックを起こします。

「あけろ！　はやくだせ！」「お前となんて絶対に話なんかしねーからな！」というような具合です。多くの先生はこういう状況になると心がぐらつきます。

「この子は苦しんでいるのではないか？」「ＣＤＲに入れたから荒れをエスカレートさせてしまったのではないか？」と思いがちです。

しかし、ここはこらえてください。「落ち着いたら話をする」というスタンスを取り続けるのです。別に言葉を荒げる必要はありません。落ち着いて静かな声で「落ち着くのを待っているよ」と言い続けます。仮にその言葉にもつっかかってくるようならば、ただ黙って待っていましょう。私は部屋の出口の前に座り、その子が落ち着くのをじっと待つことにしています。目線を合わせると対決姿勢になりますので、目線を合わせず、ただじっと待ち続けます。

「この先生は落ち着いて話ができるようになるまでは、この部屋から出してくれないぞ」と思わせるのです。こういう状況に慣れていない先生にとっては、待ち続けるこの時間はとても苦しいかもしれません。しかし、ここはこらえてください。その子が叫びまくるのは「暴れる」という選択肢しか知らない証拠なのです。その子に「暴れる」ではなく「対話」という選択肢があることを気づかせてあげないと、これから苦しみ続けるのはその子自身なのですから。

階段をのぼったら成長

「まだ座ることができないの？　落ち着いて話ができるようになるまでは出してあげな

いからね」

このような言葉かけをするのはだめです。落ち着くことができない子がだめな子という先生のものの見方は、その子の心をさらに傷つけていきます。「成長の階段」は一段でも上にあがれたら「成長」と捉えます。「成長の階段」の図を一緒に見ながら、次のような声かけを意識してみましょう。

・叫んでいる子には？

× いつまで叫んでいるんだ。しずかにしろ！

◯ 今あなたは一番下の段にいるね。一段あがれたらいいね。歩いてもいいんだよ。

・ウロウロしている子には

× 早く座りなさい。座って反省しなさい！

◯ あなたは、二段目にあがったね。すごい成長だね。好きなだけ歩き回っていいからね。落ち着いたら座ってね。

・座った子には

× やっと座れたのか。さっきのこと、何が悪かったかわかるか？

○「座る」の段まできたね。よくここまでのぼってきたね。すごくうれしいよ。次は「知らせる」までのぼりたいね。ゆっくりでいいからね。落ち着いたら知らせてね。

このように、その子が成長の階段を一段ずつのぼっていくたびに、その成長を肯定してあげることが大切です。ＣＤＲに入った直後は、感情が高ぶっているかもしれません。だからこそ少しでも落ち着きを取り戻したならば、成長を価値づけるチャンスなのです。その子が自分の感情に気づき、落ち着くことができたら、その努力と成長をたたえることが重要です。ポジティブなフィードバックや励ましの言葉で、その子の自尊心を高め、これから同じような状況になったときに対処するための自信を育んでいくのです。

行動を制止する

ＣＤＲに入ったときに教師に求められる基本姿勢は、「待つ」ことだと述べました。しかし、「止める」という積極的な介入をしなければならないときがあります。

止めなくてはいけないときは具体的に３つあります。

それは「暴力行為」「自傷行為」「破壊行為」です。

CDRに入った後にこれらの行動が見られたときは即座にストップさせなければなりません。

CDR使用の目的は「対話」だと述べました。しかし、それよりも安全確保が最優先です。その子自身、そして一緒に入っている先生の安全を守るためにも「暴力行為・自傷行為・破壊行為」が見られたら迅速かつ適切に対処していくことが必要です。

暴力行為	・先生を殴ったり蹴ったりする ・先生に靴を投げつける　など
自傷行為	・自分の髪の毛をむしりとる ・壁に頭をたたきつける　など
破壊行為	・教室の壁を蹴りまくる ・掲示物をビリビリに破く　など

暴れている子を止めるには？

CDRで「暴力行為・自傷行為・破壊行為」が見られた場合の対処法は、以下のようになります。先生は冷静に状況を判断し、適切な対応を取ることで子どもの安全を確保し、やってはいけないことへの理解を促していくことが重要です。

【暴力行為が見られた場合の対処法】

先生の対応は以下の手順に従います。

①警告する

問題行動を起こしている子に対して、その行為が問題であることをはっきりと伝えます。「３回注意されてもその行為を続けるならば、あなたの体を押さえて止めるからね」と言葉で警告します。これをせずにいきなり止めることは避けましょう。ＣＤＲ使用の目的は対話です。その姿勢は貫いていきたいものです。

②止める

警告してもその子が問題行為を続ける場合、先生が止める必要があります。その際に有効なのが「座らせて後ろから抱きかかえる」というホールドの仕方です。

・肩をおおってその子の手首をおさえる（強くおさえすぎないように注意）
・足を子どものひざの内側に入れて子どもの足の動きをおさえる
・後頭部での頭突きを避けるために、自分の頭を少しずらすこのようにすることで、その子も止める先生にも安全を確保していくのです。断固とした態度で行動しつつも、安全確保も忘れない。そのような冷静な視点が必要になります。

③どうしてだめなのか伝える

抱きかかえたまま「暴力行為・自傷行為・破壊行為」がなぜ問題なのか、その子に理解させるために説明します。大きな声で怒鳴り散らして、こちらの話を聞かないときは、抱きかかえたまま落ち着くまで待ちましょう。

「その行為をするとあなたがどんどん傷ついていくよ。この後にもさっきみたいな行為が見られたらまた止めるからね」

と、その子に伝えます。

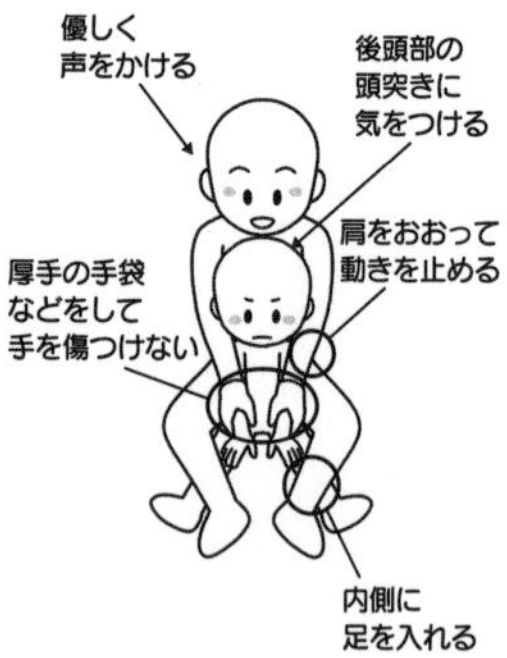
優しく
声をかける
後頭部の
頭突きに
気をつける
肩をおおって
動きを止める
厚手の手袋
などをして
手を傷つけない
内側に
足を入れる

④ゆっくりと離す

「もうしません」と言えるまでホールドする必要はありません。

「またその行為が見られた場合には止めるからね」

ということを伝えることができたらゆっくりと手を離します。ゆっくりと手を離したら、またゆったりと待つのです。

手を離した後に、また問題行為を繰り返す場合は即座に抱きかかえます。その際は先ほどよりも詳しく丁寧にやってはいけない理由を説明します。

「２回目だから、さっきよりも丁寧に話をするよ……」

というように話をするのです。こうすることで、その子は「次にやったら抱きかかえられて説明される時間が長くなるな」と気づきます。

私の経験ではこれを数回繰り返すと「暴力行為・自傷行為・破壊行為」をすることはなくなります。そのような成長が見られたら

「話を聞いてくれたんだね。うれしいな。落ち着いたら知らせてね。待っているよ」

と成長を価値づけてあげましょう。「見守ること」と「ほったらかしにすること」は全く違います。先生は冷静に状況を判断しながら、その子の安全を第一に考えた対応を行うことが大切です。

暴力・自傷・破壊行為を止めるためには毅然と制止をする。その後はその子に理由を理解させるために丁寧に説明をする。これが「対話する」ということなのです。

CDR活用のポイント

対話から退室まで

勇気を出して一歩踏み出したことを価値づける

子どもが先生に「対話ができます」と言ってきたならば、それはすばらしいことです。なぜなら、「対話をしたい」という言葉はその子が「誰かに解決してもらう」という思考から抜け出し「自分で解決への一歩を踏み出す」という前向きな気持ちになった証拠だからです。

「自分を落ち着かせることができたんだね。先生はすごくうれしいよ」

このように、対話への一歩を踏み出したことを肯定し、成長を価値づけるのです。そのとき、目の前にいる先生は「敵」ではなくなります。自分の成長をよろこんでくれる「仲間」となるのです。たとえその子の「敵」としてＣＤＲに入ったとしても、出るときには必ず「仲間」となって出よう。私はそう考えて子どもたちに接しています。

なぜここに入ることになったのかを考えさせる

対話する際最初に、その子がなぜＣＤＲに入ることになったのか、その理由を尋ねることが重要です。対話をする際に大切になるのは「白黒をつけすぎない」ということです。その子にも悪い部分はあったけれど、その子にもそれなりの理由があったことを認めてあげるのです。私はこれを「減点法」で尋ねています。そのときのことを思い出しながら対話した後に「あなた自身に点数をつけるとしたら何点？」と問いかけるのです。ある子は30点というかもしれません。またある子は70点というかもしれません。30点と答えた子には「70点も引くんだね。自分の悪いところを認めることができるのはすごいことだね。でも30点は正しいんだよね。先生も君が全部悪いとは思っていないよ」

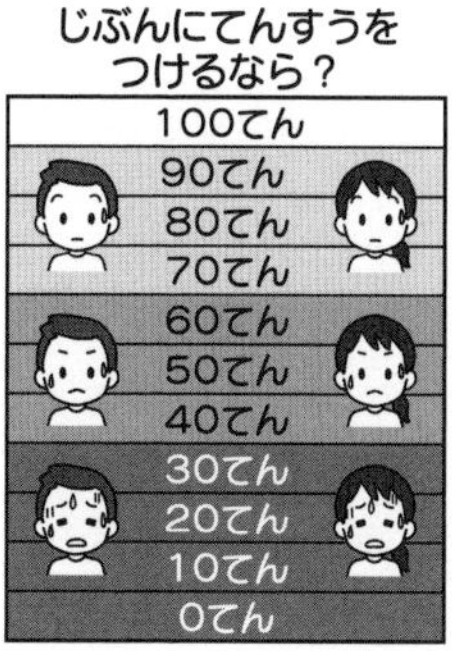

と伝えてあげます。70点は悪かったけれど、30点はその子なりの理由がある。それを認めてあげることが「白黒をつけすぎない指導」です。その上で

「70点も引いたのはどうしてなの？」

と問いかけてあげます。この問いかけによってその子は「相手の悪いところ」ではなく「自分の悪かったところ」を見つめ始めるのです。

その子なりの理由はきちんと認めつつ、だめなところはきちんと指摘する。そういう柔軟な対話を心がけたいものです。

どうすればよかったのか・これからどうしていくのかを一緒に考える

その子が自分の行動に向き合い、振り返ることができたならば、今後同じようなことが起きたときにどうすればいいのかを一緒に考えていきましょう。一緒に対話をしながら、過去の行動に対してどうすればよかったのかを振り返り、適切な対応を考えていきます。

「一緒に考えることができてうれしいよ」

とポジティブな言葉かけをしながら対応策を先生と一緒に見つけ出すことで、お互いの

信頼関係も高まっていきます。その子が自分に自信をもって前向きな気持ちで話し合いに臨めるようにサポートしていきましょう。

担任の先生の所へ一緒に報告に行く

対話が進み、子どもが自身の問題行動に対する理解や適切な対応策を見出すことができたら、ＣＤＲから退室する準備が整います。

「今日は一緒に話せてよかったよ。また困ったときは一緒に話し合おうね」と声をかけて一緒に教室を出ます。その後ＣＤＲ対応をした先生はその子と一緒に担任の先生にその内容を報告に行くことが重要です。

今回話し合ったことを一緒に報告することで、担任の先生に

「がんばったね。戻ってきてうれしいよ。また一緒にがんばっていこうね」

と声をかけてもらうのです。その子の成長を担任の先生と共有することで、問題行動への対応が連携され、子どもの成長を支援するためのネットワークをつくっていくのです。

ＣＤＲを有効に活用するために

「虐待」か「教育」か？

「部屋に閉じ込めるなんて虐待だ」

ＣＤＲを活用しているとそのように言われることがあります。しかし、これは本当に「虐待」なのでしょうか？

「虐待」とは子どもに対して苦痛や損傷を与えることを目的とした行為です。相手を傷つけることを目的として行われるため、非常に悪意のある行為です。ＣＤＲで子どもたちと向き合うことは苦痛や損傷を与えることを目的としているわけではありません。繰り返し述べているように「対話ができる心」を養うことが目的なのです。

ＣＤＲを出るときに、入れられた子が泣いていたり、納得のいかない顔をしていたりするならば虐待と言えるかもしれません。しかし、私と一緒にＣＤＲに入った子はどの子も笑顔です。お互いにじっくりと話し合い、次にどうしていこうかと共に考えた仲間となってから部屋を出るからです。

「虐待」か「教育」か？　それは部屋を出るときの子どもたちの表情でわかります。「教育」はその子に知識や技能、価値観などを伝え、その子の成長を引き出していくことを目的とした行為です。その子の可能性を引き出し、社会で生き抜く力を育むことを目指しています。その目的を見失わないこと。ＣＤＲの指導にはそれが大切なのです。

職員で共通理解を図る

ＣＤＲを活用する際には、事前に職員や保護者と共通理解を図っておくことが大切です。共通理解ができていないと、お互いの教育観や教育方法の違いによって衝突が起きます。それは子どもたちの成長になんのプラスにもなりません。では、職員や保護者とどのような共通理解を図っていけばよいのでしょうか？

①指導の手順についての共通理解

ＣＤＲを適切に活用するためには、職員間でＣＤＲの目的や指導手順についての共通理解を図ることが不可欠です。中から叫び声が聞こえてきた場合などに他の職員や子どもたちからの誤解を避けるためにも、ＣＤＲで指導を行う際の具体的な進め方を明確にしておく必要があります。それをしないと中から叫び声が聞こえてきたときに、

「先生が中で子どもに暴力行為をしているのではないか？」

などと思われてしまう危険があります。実際にはその子が落ち着くまでじっと待っているだけなのに、部屋の外から中の様子はわかりにくく誤解されがちです。それを防ぐためにもどのような状況でＣＤＲを利用するのか、入室条件や退室条件、指導の方法などについて共通の認識を図り、職員間で一貫性のある対応を取れるように環境を整えていくことが大切です。

②ＣＤＲをプラスの場所に

ＣＤＲは、悪いことをしたときに「罰として使われる場所」という誤解を避けることが重要です。「ＣＤＲ送りになる」というような言葉が飛び交うようならば危険です。ＣＤ

Rは子どもたちが落ち着きを取り戻し、本来の自分に戻る場所として位置づけていくと周囲にポジティブなイメージを与えることができます。

ＣＤＲは自分をリセットするための場所であり、感情を整理する場所であると共通認識を図りましょう。このような認識が広がれば子どもたち自身が自発的に利用し、成長と自己理解のために活用し始めます。

「ちょっとＣＤＲで落ち着いて考えてきたいです」

そんな声が子どもたちからあがるような場所を目指したいものです。

このような点を念頭において、職員間で共通認識を図っていくことで、ＣＤＲは子どもたちの行動や感情を適切にサポートし、より良い学びや成長を促進する場として機能していくのです。保護者にもそれをきちんと説明し、理解を得ていきましょう。ＣＤＲをポジティブな場所として位置づけて活用することができれば学校での問題行動は次第に息を潜めていくはずです。職員間で共通認識をもつための資料を巻末にまとめましたので、そちらも参考にしてください。

子どもたちと共有する

道筋を示して語りかける

先生に反抗することで自分の強さをアピールしようとする子どもたちは「反射の世界」に生きています。注意されたら言い返す。指導されたら反抗する。そのような子どもたちの多くは「この行動を続けたら自分は最後にどうなるのか？」という視点で物事を考えることが難しいのです。そんな子どもたちだからこそ、結末を可視化することが大切だと思います。

「今ここにいるね。君はどっちの道にいくの？　教えて？」

問題行動が起きたとき、私はバッグからカードを取り出して、このように子どもたちに問いかけることにしています。取り出すカードには３つの種類あります。赤カード（暴力・暴言用）・黄カード（妨害用）・青カード（脱走用）の３種類です。

問題行動が起きたときはカードを指差しながら「あやまれる？　あやまれない？　あなたはどっちの道にいくの？」と問いかけます。

「あやまる」の道の先には「笑顔」があります。「あやまれない」の道の先にはＣＤＲの「対話」があります。それをきちんと見据えた上で「どっちの道へいくの？」となげかけるのです。

この対話ははじめはうまくいかないかもしれません。しかし、あきらめずに何度もこのカードを提示しながら対話を重ねていきましょう。その繰り返しの中で子どもたちは笑顔がある道を選んだ方が自分も周りのみんなも幸せになるということを学んでいくのです。子どもたちを成長させていくのは「指導」ではなく「対話」なのです。

行き当たりばったり、そのときの気分にまかせた指導はもうやめましょう。そういう指導は子どもたちを混乱させていくだけです。どんなに小さな問題にも一貫した姿勢で指導を貫いていく。荒れた学校であればあるほど、そのような姿勢が大切になってきます。

このような一貫した指導を職員間で共有していくために先生方に提示したプリントを巻

末に資料として載せておきます。ぜひ参考にしてみてください。

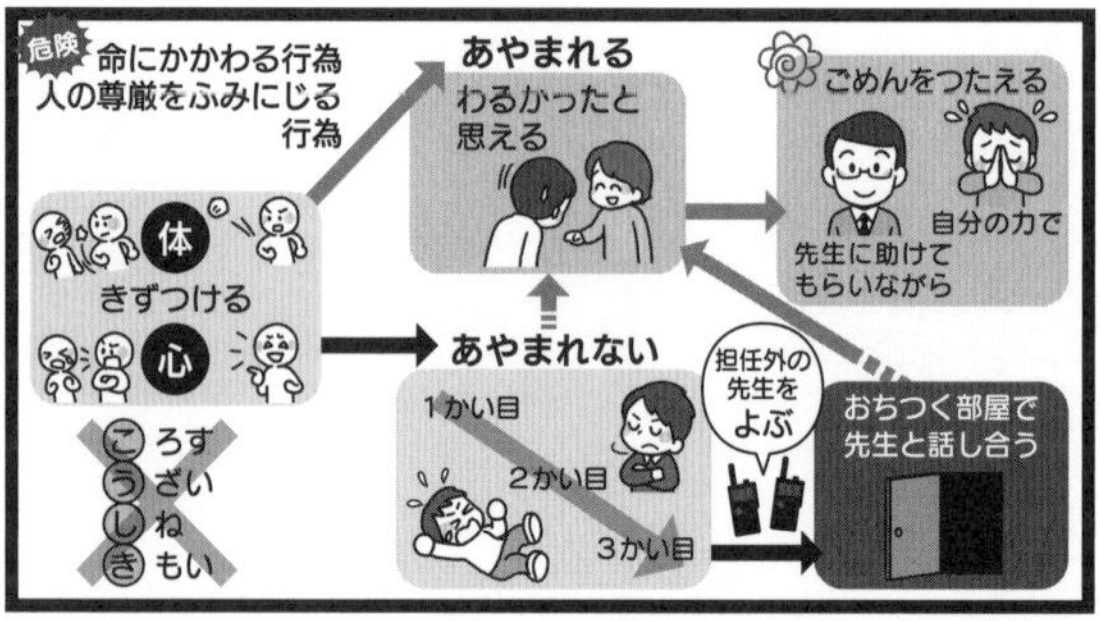

赤カード（暴力・暴言）

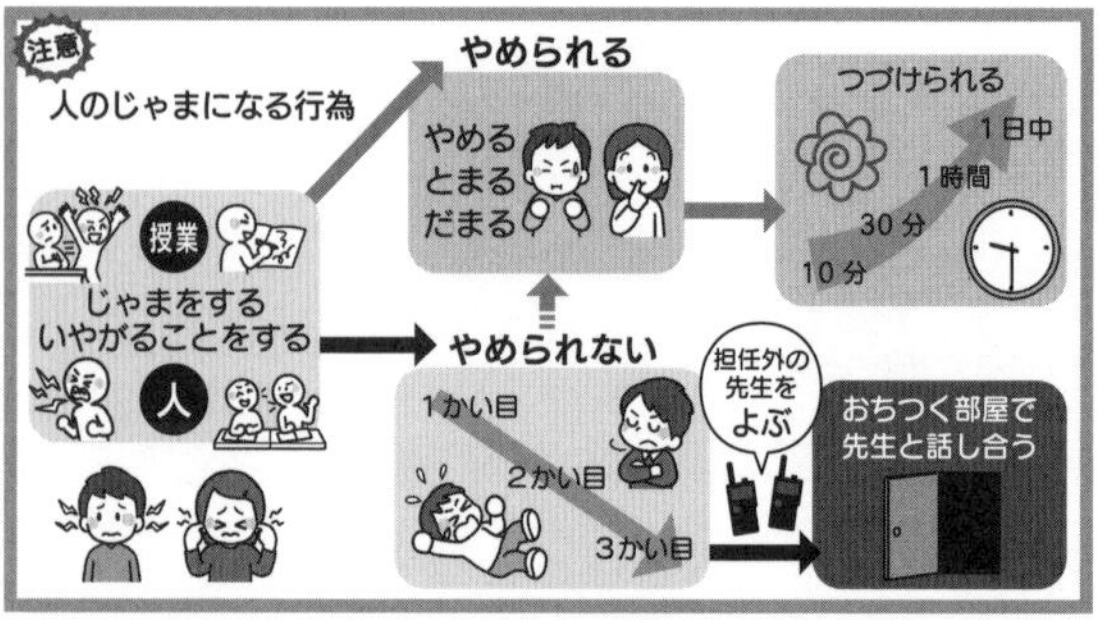

黄カード（妨害）

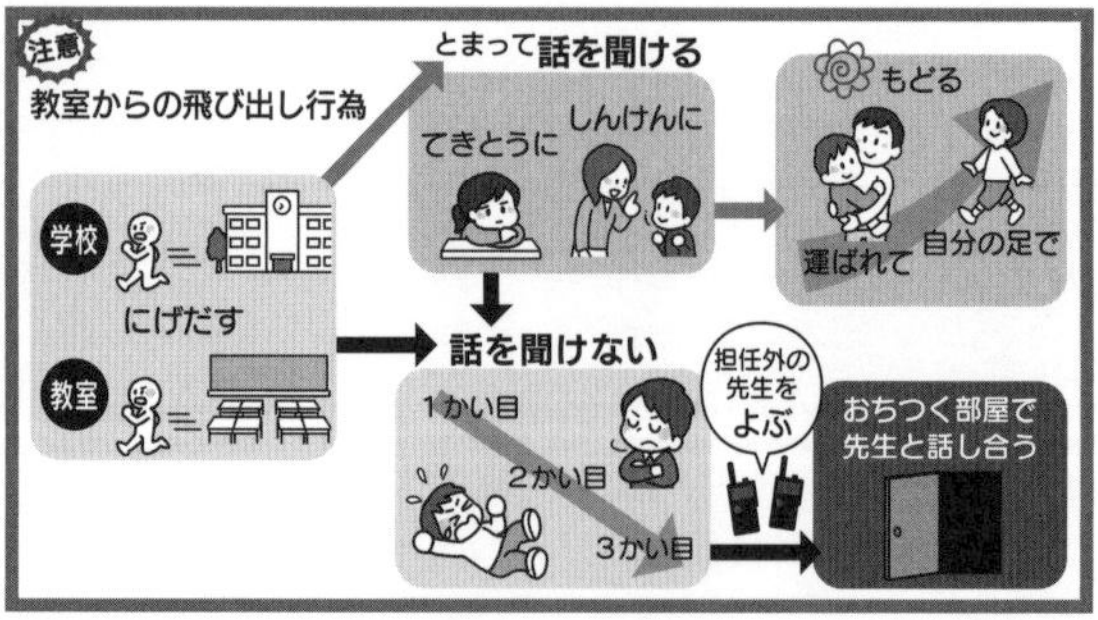

青カード（脱走）

ＣＤＲ活用の記録

【ケース１】徘徊↓ＣＤＲへ

「休み時間が終わってもA君が戻って来ません」

担任の先生から連絡を受けて私が探しに行ったところ、廊下をうろうろとしているA君を発見。「どうしたの？」と優しく声をかけたが、A君は壁を蹴ったり、暴言を吐いたりするなどの反抗的な態度をとる。三度対話を試みてもだめだったので、ＣＤＲへと誘導することにする。「ＣＤＲへ行くよ。先生に運ばれて部屋へ行く？　それとも自分で歩いて行く？」という言葉に、A君はしぶしぶながら自分で歩くことを選択する。

入室後、「落ち着いたら声をかけてね」という私の声かけに「無理！　ぜったいに話なんてしないからな！」との返答。私は「大丈夫だよ。きっと落ち着けるよ」と穏やかに声をかけドアの前に座って、落ち着くのを待つ。

A君はしばらくこちらをにらみつけていたが、私が目線を合わせないため、しかたなくその場に座った。それを見て私は「座れたね。がんばっているね。落ち着いたら話を聞くから声をかけてね」と声をかける。しかし、その言葉かけに彼は「いやだ」と返事をする。……10分後、A君はすっと立ち上がり、少しずつ私の所に近づいてきた。私の目の前に座ってこちらを見つめてきたので、私は「落ち着いて話ができそうかい？」と問いかける。するとA君は私の目を見てうなずいた。入室時よりも表情が和らぎ、落ち着いていたので、A君に事情を聞く。休み時間終了後に、教室に戻るのが遅れてしまった。教室に戻ったら担任の先生に怒られると思い込み、廊下をうろうろしてしまったとのこと。A君がそのときの想いをきちんと伝えられたことを認め、「次からは怒らずに、その気持ちをきちんと先生に教えてね」と伝えて2人で退室。担任の先生に引き渡す。

（入室から退室までにかかった時間＝25分）

【ケース2】暴言→CDRへ

「B君が教室内で友達に物を投げつけたり暴言を吐いたりしている」

担任の先生から連絡が入り、教室に急行。私が教室に着いたときには、それらの行動はおさまっていた。しかし、B君は両手を握りしめ、険しい顔で立ち尽くしている。その様子から、落ち着くには教室では刺激が多すぎると考えCDRへと誘う。B君は怒りを抑えながらも、CDRに入ることを選択。自分の足で歩いて入室することができた。そのがんばりを認め「落ち着いたら話をしようね。待っているよ」と声をかけた。

B君は入室と同時に部屋のすみに座ることができた。しかし、頭を抱え「俺なんか死ねばいいんだ」と口にして落ち込んでいた。その様子を見て私は「B君は初めから成長の階段の3段目（座る）にのぼれているよ。これってすごいことだよ。大丈夫。落ち着いたらきっといい話し合いができると思うよ」と声をかけて励ました。その後、B君が黙って落ち着くのを見守った。

声をかけた後も頭を抱え込み、自己嫌悪に陥っていたB君だったが、15分ほど経つとこちらにちらちら視線を送る様子が見え始めた。その様子を見て私は「落ち着いた？　話ができそうかい？」と問いかける。するとB君はうなずくことができた。私は対話しようとするB君の勇気を励まし、対話を開始した。B君の話によると、算数の時間、計算を間違ってしまい、パニック状態になってしまった。パニックに陥ったことで周りの友達の声が気に障り腹が立ち、友達に物を投げつけて暴言を吐いてしまったとのこと。B君が自分の気持ちをしっかりと伝えられたことを励まし、次にそういう状態になったらどうするかを一緒に考えた。そして「今一緒に考えたことを担任の先生に伝えに行こう」と促す。私に促されてB君は退室。

（入室から退室までにかかった時間＝30分）

【ケース3】暴力→CDRへ

「C君が授業中に無断で教室を出て行った」との連絡を担任の先生より受けたため、探しに行く。保健室前でうろうろ歩いているC君を発見し対話を試みた。しかし、C君は「うるせー！　こっちにくるな！」と叫び、私の足を蹴りつける。保健室内に逃げ込んだC君は、奇声をあげながら、保健室にあるものを蹴りまくり手がつけられない状態になる。優しく3回対話を試みたが、全く対話に応じようとしないため、CDRへと誘導。部屋まで自分で歩くように声をかけるが拒否。寝転がって大暴れする。自分で歩くことができなかったため、数人の先生でC君を安全に抱えてCDRへと入室。

入室当初もパニック状態は続いており「ここから出せ！」「お前と話なんかしないからな！」「親に言いつけるぞ」などと叫び続ける。CDRの壁を蹴りまくる行動が見られたため、「それはやめよう」と声をかけた。しかし、蹴る行為をやめられないので後ろから体を包み込み、壁を蹴る行為をやめさせた。一度やめた後は壁を蹴る行為はなくなった。

依然として私に対する暴言は続いているが、暴力行為をすることはなくなったので、とりあえず座って見守ることにする。

その後C君はCDR内をうろうろと歩き回ったり、床にごろんと寝そべったり、大声で歌を歌ったりしていた。入室後40分ほど経ったとき、C君は少しずつ私の所に近づいてきて「落ち着いたから話がしたい」と伝えてきた。

私は自分から知らせにきたC君の勇気をたたえて対話を開始。C君の話によると、授業がつまらなくなったので、先生の許可なく教室の外へ出たとのことだった。授業中にそのような気持ちになったときにはどうすればいいのかを一緒に話し合う。そしてどんなことがあっても暴力・暴言はやめるように話をした。C君は目を見てうなずき、次は気をつけると口にした。最後にCDRで話し合ったことを担任の先生にどのように伝えるかを考え、伝える練習をする。その後C君と教室に一緒に戻り、担任の先生にきちんと想いを伝えることができた。

（入室から退室までにかかった時間＝50分）

複数の子がつるんで暴れている場合

暴れる子のタイプ分け

教室の荒れレベルが4の場合、複数の子が同時に問題行動を起こします。「やっているのは俺だけじゃない」「自分ばっかり叱られる」などと言い、問題行動を改めようとしません。このように複数の子が同時に落ち着かない状況になっているときはどのように指導したらよいのでしょうか?

そのときに必要なこと、それは「彼らの関係性」を観察することです。そしてどの子がこの問題行動の中心になっているのかを見極めるのです。問題行動を起こす子は大きく2つのタイプに分けられます。

一つ目は「中心タイプ」、二つ目は「援助タイプ」です。

「中心タイプ」の子はたとえ一人であっても問題行動を起こします。そして問題行動をエスカレートさせて、「援助タイプ」の子がやってくるのを待ちます。「第一陣」で奮闘する子どもたちを「中心タイプ」と呼びます。

それに対して「援助タイプ」の子は一人では大きな問題行動は起こしません。必ず「中心タイプ」の子とセットになって問題行動を起こします。問題行動を起こしたことを観察して「第二陣」として出撃する子どもたちを「援助タイプ」と呼びます。

複数の子が暴れているとき、私は彼らの５メートルぐらい離れた場所に立ちます。そしてまず「援助タイプ」の子を一人ずつ手招きして呼びます。そして「戻れるかい？」と声をかけます。大半の場合「援助タイプ」の子はその話を聞けます。こちらの申し出に「はい」と言えたら、私はここで必ず「ありがとう。ちなみにどうして君に一番に声をかけたかわかる？」と聞くことにしています。そして「君なら、自分で判断して席に戻るって言えると思ったからだよ。君は○○（中心タイプの子）とも仲がいいでしょ？　○○は君のことが大好きだと思うんだ。君がきちんと席に戻れば、きっと後をついてくるんじゃないかな？　ずっと君たちを見てきたんだけど、○○の成長を支えてくれるのは君だと思ったんだよね。だから一番初めに声をかけたんだよ」と伝えるのです。これは本心です。私が初めに声をかける子は、自分の行動をすぐに改められそうな子です。荒れている子はしばしば一番初めに注意されるのを嫌います。先ほど言ったように「なんで俺ばっかり」とか「あいつもやってるじゃん」などと自分以外に視線を向けて、逃げようとするのです。その考えを先ほどの質問でひっくり返すのです。

「一番初めに指導された人＝損な人」ではなく「一番初めに指導された人＝期待されている人」というように彼らの認識を反転させていくのです。これをすることによって先ほどのような「なんで俺ばっかり」という言葉を減らしていくことができるのです。

複数の子が問題行動を起こしている場合、まずは「援助タイプ」の子を見極めて教室に流していくことが大切です。ただでさえ「中心タイプ」の子は問題行動を起こす力をもっています。それに加えて「援助タイプ」の子が群がっていてはいくら先生が指導をしようとしても指導が通りません。そこで「中心タイプ」の周りにいる子を一人ずつ減らしていくのです。私はこれを「バナナの皮むき」と呼んでいます。バナナの皮を一枚ずつむくように「援助タイプ」の子を引きはがしていくのです。そして「中心タイプ」の子をあらわにします。一度に複数の子どもたちと勝負をしている先生をよく見かけます。その指導の多くはうまくいきません。もぐらたたきのようになっている指導は、主導権が子どもたちにあるからです。「中心タイプ」の子と落ち着いて向き合うためにも、「バナナの皮むき」をして「援助タイプ」の子の数を減らしていくことが大切なのです。

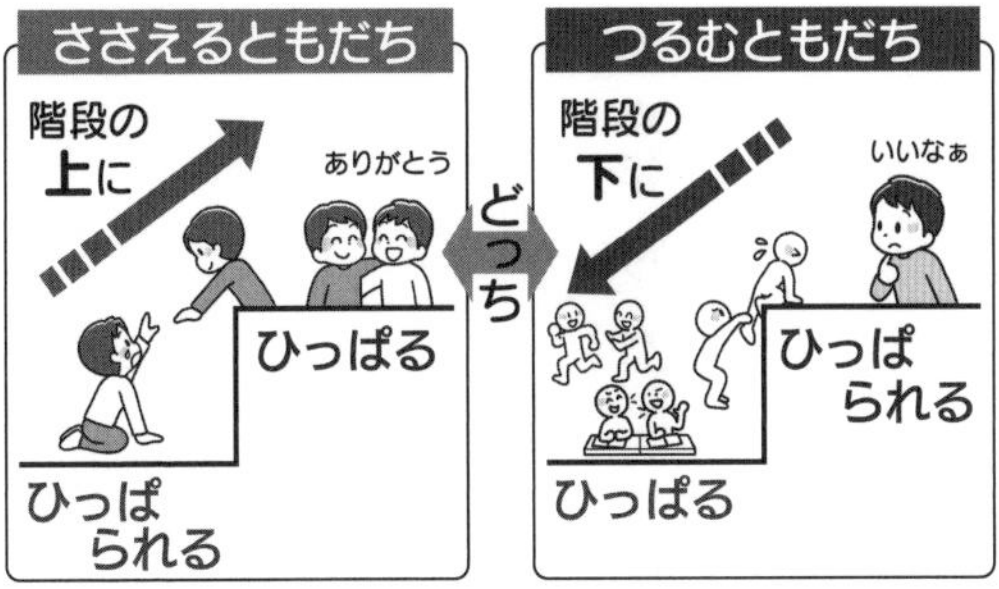

　複数の子が問題行動を起こす場合、私は上のカードを見せながら、友達関係について一緒に考えることにしています。階段の上へと引っ張りあげる「支える関係」なのか。それとも足を引っ張り合う「つるむ関係」なのか。それを一緒に考えていくのです。このような対話を重ねていくと、「今の君たちはどっちの友達？」という言葉で問題行動をやめることができるようになっていきます。そのような場面を目にしたら「君たちはすてきな友達だね」と声をかけて励ましてあげたいものです。複数で問題行動を起こす場合、先生はその子たちを引きはがしがちです。しかし、それは解決にはつながりません。本当に大切なのは関係性を見直すことです。自分たちの関係がどうなのかを見つめる心を育てていきたいものです。

なぐりあいのケンカが勃発

ケンカした子どもたち同士の関係が普段からとても悪いとき

一つ例をあげましょう。しんじ君とゆうた君とでもしましょうか。どちらも勝気な性格なので常に一緒にいることはありません。一緒にいるとお互いに言い争いに発展することが多くあります。この日はしんじ君がゆうた君のことをからかったことから争いが始まりました。ゆうた君は「しんじをころしてやる！」と叫びながら、しんじ君につかみかかりました。二人のケンカはこうなったら手がつけられません。さて、このような状況になったらどのように指導をすればいいでしょうか？

ステップ１　二人を別々の部屋に連れていく

このような状況になったら、まずは暴れている子を落ち着かせなければいけません。そうしないと暴力をふるって被害がさらに深刻な状態になってしまうからです。この場合だとしんじ君が挑発し、ゆうた君が暴れているという状態です。

荒れがひどいのがゆうた君なので、ゆうた君にはひとまず「落ち着ける部屋」へ移動してもらうことにしました。近くにいた先生に付き添ってもらって「落ち着く部屋」へ連れていってもらいました。

ステップ２　落ち着いている方にまず話を聞く

暴れ回っているゆうた君がひとまず「落ち着く部屋」へ行ったので、しんじ君のゆうた君に対する挑発はおさまりました。そこでしんじ君を呼び、話を聞きます。「話はできそうかい？」と聞き、何があったのかを聞きました。

しんじ君は自分に有利なことばかり並べ立て、ゆうた君を悪者にしようとします。

「あいつがいやなことをしてきたから、からかった。やられたからやりかえしただけ」など、「相手が悪い。自分は被害者である」と言い張ります。

しんじ君がたとえ嘘を並べ立てていたとしても、「それはいやな思いをしたね。それは怒って当然だよね」とまずは彼の怒りに寄り添ってあげることが大切です。

もしも目の前にしんじ君とゆうた君の二人がいたら、話を聞いている先生はジャッジを迫られます。「半分は君が悪いね」とか「そこは君がだめだったんじゃないの?」というように、片方の言い分をすべて受け入れてあげることができないのです。心が荒んでいる子は、先生がどちらかの肩をもつと「先生は全然言うことを聞いてくれない」とか「あいつは嘘ばかりつく」などと言います。この思考から解き放つために必要なもの。それが「安心感」です。

「そんなことされたら、腹が立つのはしかたないよね」「きちんと理由があったんだね」

このようにその子をジャッジせずに丸ごと受け入れてあげるのです。これがとげとげだったその子の心を少しずつ柔らかくしていきます。その子の言うことを丸ごと受け入れてあげるためにも、当事者を引き離し、別々の場所で話をすることが大切です。

プラスの言葉を引き出していく

「二人は今日はケンカしちゃったけど、仲がいいときもあるよね。しんじ君はゆうた君とは仲良くしたいと思っているの？」

ある程度落ち着いてきたら、このように聞いてみましょう。「あいつがあやまるなら仲良くしてやってもいい」などと言うかもしれません。それでも全く構いません。仲良くしたいという気持ちを聞き出せたらそれでＯＫです。中には「あいつとなんか仲良くしなくていい。死ねばいい！」などと言う子もいます。

そういうときは「今まで仲良しだったことってあるの？」とか「相手がどうしてくれたら、仲良くしてやってもいいかなって思う？」とか「相手が本当にごめんって心からあやまってきたら、許せる？」というような言葉かけをして「仲直りしたい」という気持ちが０ではないことをなんとか引き出していきます。後ほど書きますが、これを引き出せるかどうかは今後の展開に大きくかかわってきます。

指導ではなく応援を

先生　「今回のケンカ。自分に点数をつけるとしたら何点ぐらいなの？」
しんじ「うーん。70点ぐらいかな。ゆうたのこと、挑発しちゃったから」
先生　「そう思える気持ちがすてきだね。この後ゆうた君にも話をしに行こうと思っているから、しんじ君のその気持ちを伝えるね」

落ち着いてきたら「減点法」でしんじ君の気持ちを聞き出します。「君の気持ちを伝えるね」と先生が言った瞬間、しんじ君にとって先生は「指導してくるうるさい奴」ではなくなります。自分を理解してくれて、自分の代わりに思いを伝えてくれる「応援者」になるのです。

ステップ3　別室へ行き、暴れていた子の話を聞く

先生　「待たせてごめんね。しんじ君はね、『いつもケンカしちゃうんだけど本当は仲

良くしたいんだ』って話していたよ。『今日の君は何点？』って聞いたら70点って言っていたよ。挑発しちゃって悪かったって思っているみたい。しんじ君の気持ち、わかってくれた？」

このように、しんじ君が言葉足らずで伝えられなかった所を先生が補いながらゆうた君に話をしていきます。これを聞いてゆうた君の怒りがエスカレートすることはありません。ゆうた君の表情が和らいだところで、しんじ君と同じ質問を投げかけてみます。

先生「ちなみにゆうた君は自分に点数をつけるとしたら何点？」
ゆうた「僕は30点かな。蹴っちゃったもん。死ねって言っちゃったし」
先生「二人ともすごいな。自分のだめだったことをきちんと見つめられるなんて。その気持ち、しっかりとしんじ君に伝えておくよ。安心してね」

しんじ君の謝罪を受け取ったゆうた君の心は柔らかくなっています。謝罪を受けた後だからこそ、自分も素直に謝罪できるのです。先ほどしんじ君と対話する中で「プラスの言葉」を引き出したのはこのためです。

相手がしてくれたことを、同じように返したくなること。これを「返報性の法則」というそうです。「やられたらやりかえす」のような負の連鎖ではなく、「やってもらったことをありがとうと返す」という正の連鎖へつなげていくのです。

ステップ4　思いを伝える

その後、私は再度しんじ君の待つ部屋に戻り、こんな風に話をしました。

「ゆうた君も仲良くしたいって思っていたよ。点数を聞いたら30点だってさ。蹴ったり、死ねって言ったりしてごめんってあやまっていたよ。ケンカしちゃったけど、仲良くしたいって思いは一緒だったんだね。よかったね。またケンカしたら、先生が協力するからさ、今日みたいに話をしよう。ありがとね！」

この後、２人を教室に戻しました。お互いに直接あやまったわけではありません。でも二人は目を見合わせると照れ臭い顔をしていました。後で話を聞いてわかったのですが、彼らは放課後二人きりになったときにお互いにあやまったそうです。

いかがだったでしょうか？　これが「ごめんなさい」を言わせないケンカのおさめかたです。「ごめんね」は言わせるものではありません。お互いの関係性がほぐれてきたら、自然と口から出るものなのです。初めから顔を突き合わせて「あやまりなさい」と言っても彼らは決してあやまることはなかったでしょう。

顔を突き合わせて対話ができないほど関係が冷えている子どもたちにぜひ試してください。「お互いに近づくな」というのは簡単です。しかし、それでは問題は解決しません。

関係がこじれてしまっている子どもたちに私たちがすべきことは「指導すること」ではありません。「関係を耕してあげること」です。

「あの子が悪口を言っていたよ」

このような告げ口で人間関係が壊れることがよくあります。ならばこの方法と正反対のことをすれば、人間関係は豊かになっていくのではないでしょうか？

それぞれを別々な場所に連れていき、安心感で満たしていく。そこで口にした温かい言葉を先生が別の部屋で待つ子に伝えてあげる。私はこの方法を「ぽかぽか伝言ゲーム」と呼んでいます。

Column
優しい嘘

「問題行動を起こしてばかりいて、ほめられるところが全然ない場合はどうすればいいんですか？」そんなことを聞かれることがあります。そういうときに私がよく言葉にするのは「優しい嘘」という言葉です。

「元気なところが好きなんですよね」「前に比べて顔つきがよくなりましたね」「優しいところがありますよね」「発想がおもしろいなぁと思います」などの言葉でその子のことをまず認めてあげるのです。小さな長所を見つけ出し、それを虫眼鏡のように大きく拡大して保護者に伝えていくのです。

「お母さん。○○君は最近いい顔になってきましたよ」と伝え安心感で満たしてあげる。するとお母さんは「先生がいい顔になってきたって言っていたよ。がんばっているんだね」とその子を認めてくれる。その言葉にその子は「自分では気づかなかったけど、そうなのかな？　自分のことはだめなやつって思っていたけど、そうじゃないのかも」と思いがんばり始める。先生の言葉からそのような循環が生まれ、その子は少しずつ変わり始めるのです。「優しい嘘」は時間をかけて真実になっていきます。変化していく子を目にする度に私は「人は信じられている人の思いに応えようとするものなのだなぁ」と感じます。

第7章

関係性を育む

荒れの根本を癒す

「かん・きょう」を整える

荒れをエスカレートさせていく先生の対応にはいくつかの共通点があります。

「なにやってんだ！　ふざけるな！」……（癇癪）**かん**しゃく

「先生の言うことを聞きなさい！」………（強制）**きょう**せい

このような対応を重ねていくと荒れはエスカレートしていきます。このような言葉が渦巻いている環境のことを私は「悪い環境」と呼んでいます。もしも、問題行動がおさまらないならば教室にこのような言葉があふれていないか振り返ってみましょう。

反対に荒れがしずまっていく教室にも共通点があります。

「そんなことをしてくれたの？　ありがとう！」……（感謝）かんしゃ

「そうだったのか。大変だったね」…………（共感）きょうかん

問題行動がおさまっていく教室にはこのような言葉があふれているものです。このような言葉があふれている環境のことを私は「良い環境」と呼んでいます。

問題行動を落ち着かせていくために大切なこと。それは「かんきょうを整えること」です。問題行動に対応する術を学ぶことはいわば、病気の人に薬を飲ませるようなものです。しかし、一番大切なのは病気にならないような丈夫な体をつくっていくことなのです。病気にならない体をつくっていくために大切なこと。それが「環境」です。

「感謝・共感」による言葉かけで荒れの根本から癒していく。そんな視点をもちたいものです。

関係性を探る

3匹のこぶた

子どもたちとの良好な関係性をつくるための第一歩。それは、その子と自分の関係性がどのような状況なのかをきちんと知ることです。目には見えない関係性を簡単に知る方法があります。それは「手を振ること」です。

「おはよう！」「元気？」「じゃあね！」私は子どもたちによく手を振ります。それはただのあいさつではなく自分とその子の関係性を探る行為でもあるのです。

〈わらの家〉の関係

●自分が手を振ったのに、相手に無視される

もしこのような状態ならば、自分とその子の関係は「わらの家の関係」だと言えるでしょう。おおかみの一息で吹き飛んでしまうようなもろい関係性ですね。私の経験上、相手に無視される場合には二つのパターンがあります。一つ目は「関係性が薄いために戸惑っているパターン」です。あまり話をしたことがない子、普段接する機会が少ない子などに手を振ったとき、内気な子だと下を向いて通り過ぎていくことが多くあります。

二つ目は「関係性が悪いため無視をされるパターン」です。以前指導されたことが気に入らなくて根にもっているなど、こちらに反感をもっているときによく見られる現象です。

先生たちの中には自分が手を振って無視された場合、傷つく人がいます。私も昔はそうでした。しかし、今は無視をされたとしても

あまり傷つきません。なぜなら、手を振ることでその子との関係性を探ることができるからです。「手を振っても無視される」ということは「まだその子との関係性が弱い」ということです。そういう子には逆に、毎日手を振り続けてみるとよいでしょう。まずはこちらが心を開いて接すること。それが子どもたちとの関係性を耕していく第一歩なのです。

〈木の家〉の関係

●自分が手を振ったとき、相手が手を振り返してくれた

こういう状況ならば、自分とその子の関係性は「木の家の関係」と言えるでしょう。その子が自分の思いをきちんと受け止めて反応してくれる。そのような良好な関係性です。

子どもたちの中には私と一度も話をしたことがないのに、手を振ると手を振り返してくれる子がいます。そういう子は「心が開いているすてきな子」ですね。手を振ったら振り返してくれる。そういう関係をたくさんの子と築いていくことを目指していきたいものウです。もしも自分と関係が悪い子がいるならば「おはよう！」と毎日手を振り続けてみるといいのではないでしょうか？　毎日手を振り続けているうちに、相手が手を振り返してくれるようになったとしたら「わらの家」から「木の家」へと関係性が高まったと言えるでしょう。

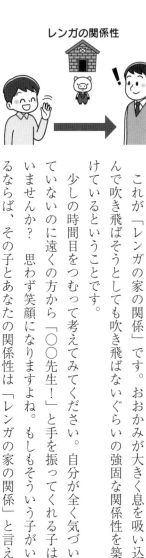

〈レンガの家〉の関係

レンガの関係性

●こちらが手を振る前に相手から手を振ってくれる

これが「レンガの家の関係」です。おおかみが大きく息を吸い込んで吹き飛ばそうとしても吹き飛ばないぐらいの強固な関係性を築けているということです。

少しの時間目をつむって考えてみてください。自分が全く気づいていないのに遠くの方から「○○先生！」と手を振ってくれる子はいませんか？　思わず笑顔になりますよね。もしもそういう子がいるならば、その子とあなたの関係性は「レンガの家の関係」と言えるでしょう。あなたの周りにこういう子がたくさんいるならば、とても幸せなことだと思います。こういう子は困ったときに助けてくれる優しい子です。その関係性を大切にしていきたいものですね。

問題行動を起こした子に指導をする場合もこの「関係性」が重要になってきます。たとえ問題行動を起こす子であっても先生とその子の関係性が「レンガの家の関係性」であったならば、生徒指導が大きくこじれることはありません。先生の想いをきちんと受け止め、問題行動の改善のために努力をしてくれるでしょう。しかし、関係性が悪いと指導もなかなか通りませんん。生徒指導が上手な人というのは、決して強面で厳しいわけではありません。普段から良好な関係性を築けているからこそ、厳しく指導をしなくても指導がすっと通るのです。

関係性をモニタリングする

いかがだったでしょうか？　このように「手を振る」ということだけで自分とその子の関係性を知ることができます。普段ムスッとしていてあいさつも交わさないのに、生徒指導のときだけ自分を責めてくる。そんな人のことを子どもたちが信頼するでしょうか？信頼するわけがありませんね。普段から手を振ってくれて、自分を気にしてくれている。そういう人の言葉だからこそ子どもたちは素直に聞こうとするのです。

私がこの方法が好きなのは「手を振り続ける中でその子との関係性が強くなっていくことを実感できる」からです。手を振り続ける中で

「あの子が今日はちらっと目を見てくれた」

「今日は手を小さく振ってくれたぞ」

「笑顔で手を振り返してくれるようになったなぁ」

というように、日々手を振ったその子が心を開いていく様子を感じることができるのです。問題行動を起こしてしまう子の心をほぐしていくためには「その子のことを肯定的に見てくれる人」の存在が欠かせません。手を振るという行為は「君のことを見ているよ」「君のことが好きだよ」「君と仲良くなりたいよ」というメッセージを伝えることができます。小さな行動ですが、そういうことの積み重ねが子どもたちの心を解きほぐしていくのです。手を振って関係性を確かめる方法。ぜひ試してみてくださいね。

関係性を耕す

心の栄養「あおやさい」

その子との関係性を耕すためにもまずは肯定的な言葉をかけていきたいものです。子どもたちに声をかけるときに、私が意識している合言葉があります。それは「あおやさい」です。

「あおやさい」とは

あ…ありがとう　**お**…おもしろいね　**やさ**…やさしいね　**い**…（それ）いいね

の頭文字をとったものです。これらの言葉は子どもたちとの関係性を耕していく力があります。

〈ありがとう・やさしいね〉

これらの言葉のもつ力は皆さんに説明するまでもないでしょう。どんな小さなことでも、その子の素敵なところを見つけて「ありがとう」と伝えます。そして「君は優しいね」と付け加えてあげるのです。不思議なことに人は「優しいね」と認めてくれる相手に意地悪をすることはできないものです。「優しいね」と言ってくれた人には「優しさ」をお返ししたくなるものです。

〈おもしろいね〉

やんちゃな子は自分がだめな行動をすることで我々の注目を引こうとします。「これをやったらきっと注意されるだろう」と思っていることをわざと行い、注意をされるのを待っています。そんなときに有効なのがこの「おもしろいね」という言葉です。「教科書に落書きをする」とか「床に寝転がる」というような小さな問題行動のときに、この言葉は効力を発揮します。このような場面を目にしたときに「本当に君はおもしろいものを書くな。でもこれは教科書だから自由帳に書こうか」、床に寝転がっているような子には「本当に君はおもしろいことをするなぁ。見ていて本当に飽きないね。でも汚れちゃうからちょっと立とうか」というような感じです。その子がした行動をまずは「おもしろい」という言葉で受け止めてあげるのです。小さな問題行動もその子の個性（おもしろさ）と受け止めてあげるとその子との関係性はよくなっていきます。

おわかりだと思いますが、この「おもしろいね」という言葉は、大きな問題行動（暴力・暴言・妨害）に対して使ってはいけません。そのような問題行動は決して「おもしろく」なんてありません。そういう行動には毅然と対応しなければなりません。

〈いいね〉

この言葉は自分の肯定的な思いをまっすぐにその子に伝えることができる言葉です。

「いいね！　そういうところがうれしいよ。ありがとう」

「いいね！　君は本当に優しいね」

「いいね！　それおもしろいね！」

「いいね」という言葉は他の言葉ととても相性がいいです。ぜひ組み合わせながら気持ちを伝えていきたいものです。


このように「ありがとう・おもしろいね・やさしいね・いいね」という言葉（あおやさい）を子どもたちにたくさん伝えていくのです。

これらの言葉は悲しみに満ちた子どもたちの心の栄養になります。こういう言葉をかけてくれる先生のことを子どもたちは大好きになります。問題行動を起こしてから生徒指導は始まるのではありません、問題を起こす前からどのように子どもたちと接するかが大事になってくるのです。ぜひ「あおやさい」を意識して声をかけてみてください。

保護者への伝え方

安心感で満たす「報・連・相」

問題行動を起こす子を成長に導いていくためには学校だけでなく保護者の協力も必要になってきます。家庭と学校が手を取り合い、うまく連携をしていくことができれば、状況は大幅に改善していきます。しかし、連携がうまくいかないと問題はさらに大きくなってしまいます。ここでは問題行動が起きた後に、保護者にどのように伝えていけばよいのかについて考えていきましょう。

「報・連・相（ほうれんそう）」という言葉をよく耳にします。「報・連・相」とは「報告・連絡・相談」の略語です。何かあったら抱え込まずにきちんと「報告」をする。そして相手にしっかりと「連絡」をして事実を伝え、今後どうしていけばいいか「相談」をするのが大切だという意味です。しかし「報・連・相」を行うことによって問題をさらにこじらせてしまうことが少なくありません。「報告」をすることによってかえって保護者を不安にさせてしまったり、「連絡」と称して落ち着かない子の問題行動だけを並べたてる「連絡」をしたり、「相談」と言いながら保護者へ改善要求だけをするなど、まずい「報・連・相」を続けていては家庭の協力は得られないでしょう。保護者に連絡する際に一番重要なこと、それは「安心感で満たしてあげる」ということです。

「大事なのは電話を切った後」

私はそう考えています。電話を切った後に保護者が前向きな気持ちでいられるかどうかを考えること。それが「安心感を与える報・連・相」をつくるための第一歩です。

クラスである子が友達のものを隠したという事件が起きたとしましょう。仮にはじめ君とでもしましょうか。ものを隠された子が担任の先生に訴えて事件が発覚。担任の先生ははじめ君を呼び、指導をしました。はじめ君は隠したことを認めて謝罪をしました。

最近はじめ君にはものを隠すという行為が多く見られます。そのため、担任の先生は今回の件をきちんと保護者に伝えようと考え、放課後に電話をしました。

もしもし、今日、はじめ君が友達のものを隠すということがあったんです。その後、はじめ君はきちんと話し合いをして、相手に謝罪は済んでいるのですが、おうちの方のお耳に入れておこうと思ってお電話しました。

学校からの電話に保護者はドキッとするものです。その不安を少しでも和らげられるような声かけが大切です。きちんと謝罪まで済ませ、問題は解決していることをはじめに伝えてあげましょう。話の見通しがもてるとそれだけで安心できるものです。

隠すということはだめなことなのですが、私は今日、はじめ君は前よりも成長したなぁと感じたことがあるんですよね。

「ものを隠した」という「悪い報告」の後、それを「成長していること」で塗りつぶします。「はじめ君が悪いことをした」ではなく「はじめ君は悪いことをした。でもそのおかげで彼の成長を見ることができた」というような感じです。会話はオセロのようなものです。最後にどんな言葉をもってくるかでガラっと印象は変わります。これも安心感で満たすためには大切なことです。

はじめ君は隠したことを正直に認めました。それができるのは普段からお母さんがきちんと向き合って話を聞いてくれているおかげだと思うんですよね。

ここは非常に重要です。お母さんは、我が子が悪いことをすると責められます。しかし良いことをしてもほめられることはありません。その子を通して保護者への労りを伝えていくこと。これも安心感につながります。その子の成長は周りで支えてくれる人たちみんなのおかげなのです。それを理解していれば、こういう言葉が自然に出ます。不思議なことに学校側が感謝を伝えていくと保護者の方も「先生のおかげで」と言ってくれるものです。返報性の法則はここでも働いていますね。

そうだ。成長といえば、最近はじめ君は勉強に集中することが多くなりましたよ。この前書いた作文なんてすばらしかったですよ。

「成長」というキーワードを出した後に、普段の成長の様子を伝えています。「オセロの白を打った後にまた白を打つ」という感じでしょうか。普段からはじめ君のことをきちんと見つめている先生であれば、この言葉が自然に出るでしょう。しかし、普段からはじめ君を問題児扱いして、だめな所ばかりを見つめていたら、この言葉は決して口からは出ません。生徒指導において「観察」が重要と言い続けてきたのはこのためです。こういうプラスのエピソードがたくさん出てくる先生に保護者は安心感を抱くものです。

元気な子なので、またいろいろとやってしまうことがあるかもしれませんが、その都度今日のように話をしていきますね。

これは次に向けての布石です。問題行動とは一度の指導でおさまるものではありません。解決には何度も対話を積み重ねていく必要があります。「次に何かあってもこの先生は私を攻撃してこない」そんな安心感で保護者の心を満たしてあげたいものです。

逆に「不安を煽る報・連・相」ばかりを続けていると、最終的には保護者が電話に出てくれなくなることもあります。こんなとき、担任の先生は「電話に出ない親」を責めてしまいがちです。しかし、そんなときは一歩立ち止まって自分自身が「不安を煽ってしまう伝え方」をしていなかったかを振り返ってみることが大切です。

「きちんとあやまれてすばらしかったね」と私がほめていたことを、ぜひはじめ君に伝えてくださいね。

自分が認められていたことを第三者から聞くのはうれしいものです。これも「ぽかぽか伝言ゲーム」です。このように先生がはじめ君の成長を喜んでいたことをお母さんの口から伝えてもらうことで、はじめ君は先生を「敵」扱いしなくなります。

人は誰でも自分を否定的に見る人の言うことには反発します。しかし、自分のことを肯定的に見てくれている人には心開くものです。このような関係性をつくっていくと次に何か問題が起きてもこじれることが少なくなります。生徒指導の成否は普段の関係性に大きく影響されてくるのです。

解決してから話をする

「指導をしたのですが、相手にあやまることができなくて……」（未解決状態）
「全然言うことを聞かないのでお母さんからも言ってください」（指導の丸投げ）
「困ってしまいまして、どうしたらいいですか？」（無策の相談）

このような「報・連・相」は意味がありません。

問題行動が起きたとき、納得しない状態でその子を家に帰らせたらきっとその子は家で「自分は悪くないのに先生に怒られた」と言うでしょう。それを防ぐためにも、その子が笑顔で学校を出られるような指導をするのです。子どもが指導に納得できていない状態でいくら保護者に電話で安心感を刻んでも無意味です。まずはトラブルをきちんと解決できる力を先生がもつことが大切です。第6章で述べたような指導を行い、その子の笑顔を引き出しましょう。そうすることが「安心感で満たす報・連・相」への第一歩です。

笑顔が何よりの薬

「うちの子は大丈夫でしょうか？　心配で心配で……」

そんな相談を受けるときがあります。そういうときに私が保護者にする話があります。

お母さん。子どもを一番成長させるものってなんだかわかりますか？　それはお母さんの笑顔なんですよ。お母さんが笑っている。ただそれだけで、子どもはうれしくなるものなんです。心配と信頼。たった一文字の違いですが、この違いは大きいです。あの子はこれから必ず伸びますよ。「あなたならできるよ」とぜひ伝えてあげてください。まずはお母さんが肩の力を抜いて、楽になってくださいね。お母さんが笑顔になれるように、私もできることは協力させてもらいますね。

お家の人と子どもは、長い時間ずっと一緒にいます。それゆえに、心も密接につながっています。お母さんがしかめっ面をして「心配だ」と言い続けるよりも、笑顔でいる方が子どもはうれしいに違いありません。先ほどのような言葉でまずは保護者の心を満たしていくのです。この視点をもつことができると、先生のかける言葉に「安心感」が生まれるようになります。

これをお読みの方の中にはまだ若い先生もおられると思います。「私はまだ若いのでそんな風に保護者に伝えることが難しいです」という方もいるでしょう。そういう方はぜひ自分の体験を語ってください。「自分の親が信じてくれたから、力がわいた」「親の笑顔でほっとした」そんな経験はありませんか？　ぜひそんなエピソードを自分の心から掘り起こしてみてください。あなたの心から湧き出てきた言葉ならば、あなたがたとえ若者であろうと、保護者に伝わるはずです。

「教室」を「戻ってこれる場所」に

信玄堤（霞堤）

たとえ問題行動を起こす子どもがいたとしても、周りの子がその子を温かい目で見つめることができるようになると、不思議なことに教室の荒れは徐々におさまっていきます。問題行動がいきなりゼロになることはありませんが、問題行動の件数が減ったり、興奮した後に落ち着くまでの時間が短くなったりしていくのです。このような状況になったときに私が思い出すのが「信玄堤（霞堤）」です。

霞堤（かすみてい）とは、甲斐国（現在の山梨県）の戦国武将、武田信玄が考案したとされる堤防のことです。かつて甲斐国では、大雨になると氾濫してしまう川が多く存在していたそうです。水害のたびに、周辺の田畑や家屋に大きな被害が生じたことから、武田信玄は水害対策として治水事業に取り組みました。この信玄堤の特徴の一つに「霞堤」という手法があります。霞堤の構造は堤防に不連続な切れ目を入れ、氾濫しそうなときの逃げ道を用意しておく、というものです。

左図のように、川が氾濫したときに水の逃げ道があるのです。大雨になるとこの逃げ道から水が浸み出します。そして雨が止み、川の水かさが減ると浸み出した水は徐々に川に戻っていくというわけです。

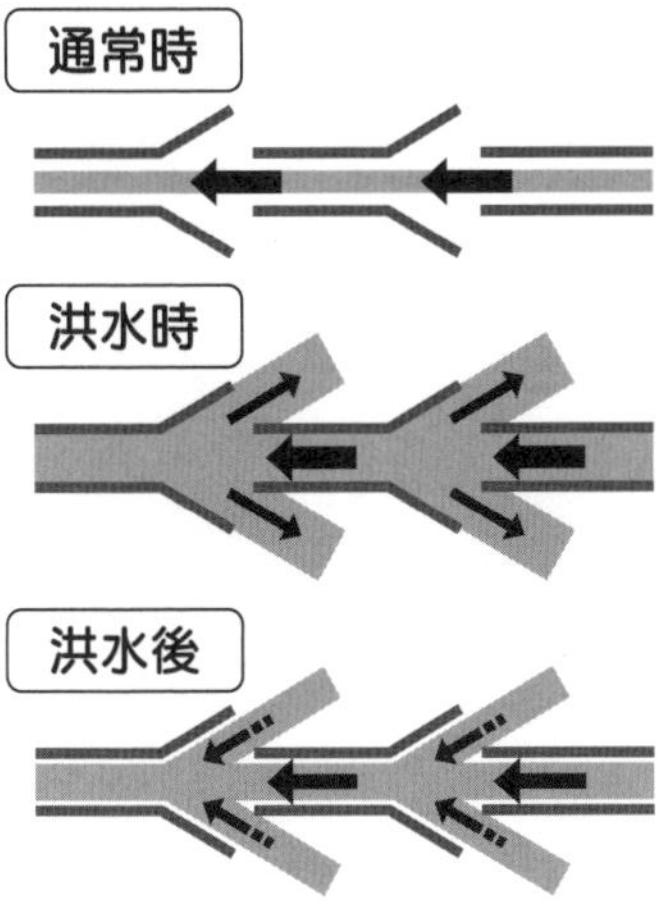

問題行動を起こす子もこの霞堤の水のようにクラスに戻れたらいいなぁと私は常々考えています。たとえ問題行動を起こしても、気持ちが落ち着いたらクラスに戻ってこれる。どんなことがあっても再びクラスに戻れることってすてきだとは思いませんか？

この霞堤の構造の秀逸な所は水の逃げ道があることです。私たちはしばしば逃げ道のない強固な堤防を築くことが大切だと思いがちです。しかし、強固な堤防ほど、決壊したらもろいものです。

小さなことにも目くじらを立てて「だめなものはだめだ」と追い詰めていく。それがもとで堤防の決壊を招いているということもよく目にします。これは「勝負しすぎる」ことで負けてしまっている状況と言えます。

実際の教室を見ると問題行動を起こした後に「どうせオレはだめなやつなんだ！」と自暴自棄になり、クラスに戻ることができなくなってしまう子をよく目にします。

「命の危険につながる行為」「他人の尊厳を踏みにじる行為」「他人の邪魔をする行為」これらの3つの線引きを超えなければ一旦その子の行動を見守る。そのような心の余裕（堤防の切れ目）があってもよいのではないでしょうか？

「問題行動を決して起こさせない」そんな強固な堤防を築くよりも、「たとえ問題行動を起こしても、もう一度戻ってこれる」霞堤のような柔軟な堤防を築いていくことが大切なのです。

荒れがエスカレートしていくと、先生は問題行動を起こす子を集団から切り離そうとしがちです。別室で学習をさせたり、他の子と机を離して別のことをやらせたりすることはありませんか？

中には

「あの子は落ち着かないので教室には入れません。別の場所で過ごしてもらいます」

などと教室の子どもたちに話す先生もいます。確かに大暴れして落ち着かないときには一旦教室から出すことは大切です。しかし、排除するだけでその子は本当に落ち着くのでしょうか？

「あの子はさっき落ち着かなかったよね。でも、落ち着いたらみんなと一緒に過ごせるようになるはずだよ。落ち着いて戻ってくるのをみんなで待とうね」

このように集団に語りかけていくのです。外に溢れ出した子をもう一度受け止める。そのような集団を育てていくのは先生の日々の言葉かけなのです。

焦らない

昨日よりも一歩でも前へ……

「できなくてもいいよ。一歩でも成長できれば、それでいいんだよ」
「完璧を目指すと苦しくなるよ。間違えてもいいからチャレンジしてごらん」

私は子どもたちによくこんな言葉を伝えます。それは、自分自身が完璧を求めていないからだと思います。完璧を求めると、子どもたちは挑戦することから逃げてしまいます。挑戦して失敗することを恐れるからです。失敗して傷つくより、何もしないで傷つかない方が楽ですから。

子どもに完璧を求めすぎることは彼らの挑戦意欲をくじく原因にもなります。私たちはもっと力を抜いて、子どもたちに「失敗してもいいんだよ。一歩でも成長できれば君のこの時間には価値があるんだよ」と伝えてあげることが大切なのではないでしょうか。

不思議なことに、このような視点をもつと、子どもたちの小さな成長に目が向くようになります。

「昨日よりも取り組み始めるまでの時間が早くなったね。成長しているね」

「昨日よりも集中していたね。だからこんなにたくさん問題が解けたんだね」

というように、先生が子どもたちの成長に気づき、認めてあげることで、子どもたちも次第に自信をもてるようになっていくのです。このような言葉が子どもたちの心に降り積もっていくことで「荒れのレベル」は徐々に下がっていくのです。

小さな成長を積み重ねていく

荒れた教室を立て直していくのはとても難しいものです。まさに一進一退の攻防。伝わったと思ったら裏切られ、うまくいったと思ったとたん、また元通り。そんな毎日が続きます。

すべての問題をたちまち解決できる方法なんて存在しません。そもそもここまで状況が悪化してしまったのはその問題が長い間放置されてきたからです。長い間蓄積されてきたものが元通りになるには、それと同程度、いやそれ以上の時間が必要だ、そのぐらいの覚悟が必要になります。しかし、自分を追い詰めすぎてはいけません。

「できなくてもいいよ。一歩でも成長できれば、それでいいんだよ」
「完璧を目指すと苦しくなるよ。間違えてもいいからチャレンジしてごらん」

これらの言葉をぜひ先生方自身にもかけてあげてください。問題行動を一気にゼロにする必要はありません。１００の問題行動があったなら、次の日に99に減らすことができればＯＫ。次の日はその99を98にしていけば合格。自分を労わりながら心に余裕をもって指導を積み重ねていけばそれでいいのです。大丈夫。真剣に悩み続けるあなたのクラスは必ずよくなります。信じてください。

「がんばりすぎない、でもあきらめない」

そんな想いを胸に、子どもたちが成長できる学校を一緒につくっていきましょう。

おわりに

令和6年の冬休み。私は自宅で昼食を食べ終わってくつろいでいました。そんなとき、突然ツーンとした感覚が私を襲いました。

「んっ？　なんだ？　なんか変だぞ？」

そう思った次の瞬間、私は左耳に違和感を感じました。耳を塞いでみるとその違和感の正体がわかりました。左耳が全く聞こえなくなっていたのです。「そのうち治るだろう」と思ってしばらく過ごしていましたが、全く聴力が戻る気配はありません。家族の勧めにより病院で受診した結果、私に下された診断は「突発性難聴」でした。

薬を飲めば治るだろう。そんな風に甘く考えていた私でしたが、医師の話を聞くうちに青ざめました。なんとこの病気は適切に処置を行っても、治る確率が3分の1程度だというのです。残る3分の2は、聴力障害が残ってしまう。そんな難病だったのです。

この病気の原因は疲労やストレス、体調不良だと言われていますが、詳しくは解明されていません。何らかの要因が組み合わさって、ある日突然片耳の聴力が失われてしまうのだそうです。医師の指示にしたがって私は治療を開始しました。毎日薬を飲み、点滴に通い治療を続けました。しかし、残念ながらこれを書いている現在も聴力は半分以下しか戻っていません。耳鳴りが常に鳴り響いており、子どもたちの言葉がよく聞こえません。

聴力が失われた当初、私は絶望しました。教師を続けることは難しいとさえ思いました。しかし、今は聴力が失われたおかげでたくさん気づくことができたと感じています。今年度、私は生徒指導主任として奮闘してきました。「この学校は自分が何とかしないといけない」そんな強迫観念の中で仕事を続けてきたような気がします。しかし、耳が聞こえなくなったことにより、たくさんの人が手を差し伸べてくれました。

「古田先生はゆっくり休んでいて。私たちでやっておくから」

こんな優しい言葉を同僚の先生たちからたくさんかけてもらい、自分は一人ではないのだと感じることができました。耳が聞こえなくなったことにより、自分一人で背負わず、みんなで協力して問題解決にあたることの大切さを学べた気がします。

たくさんの子どもたち、保護者が私の耳を心配してくれました。その中でも忘れられないワンシーンがあります。ある子が私の耳が聞こえなくなったことを聞きつけ、私のところに駆け寄ってきたのです。その子は2学期まで問題行動を繰り返し、私に何度も指導をされてきた子です。その子が駆け寄ってきたとき、私は「耳が聞こえなくなるなんていい気味だ。ざまあみろ！」と言われるのだろうと思い身構えました。しかし、その子の口から出た言葉は全く逆の言葉だったのです。

「早く耳良くなれよ」

その子は少し恥ずかしそうに告げ、すぐに走り去っていきました。この言葉に私の心は震えました。冷たい言葉を浴びせてくるのだろうと思い込んでいた自分を心から恥ずかしく思いました。「子どもの力を信じよう」と口では言っていたものの、私は本当の意味でそれを理解できていなかったことを痛感する出来事でした。

この本は、荒れた子の問題行動の看取り方や鎮め方、そして成長に導くための方法について私が考えてきたことをまとめました。この本に書かれている対処方法を正しく行えば、ある程度問題行動を鎮めることができるでしょう。しかし、指導を行う際に決して忘れてほしくないことがあります。それは「どの子もみんな成長したいと願っている」ということです。どの子もその願いがうまく伝えられずに、問題行動として表出させてしまっているだけなのです。「問題行動を起こすだめな子」と思いながら指導をしたら、その想いは必ずその子に伝わります。そうするとその子はますます傷を深めていくでしょう。指導がその子の成長へとつながっていくように、本書が活用されることを願っております。

学校現場での問題行動は年々増加しており、多くの方が頭を抱えています。しかし、このような過酷な現状の中でも、子どもたちの成長のために日々奮闘し続けている先生方がたくさんいます。本書がそんな先生方の力になれれば幸いです。

この本を出版するにあたって、たくさんの方の励ましに支えられました。不器用な私を信じ、共に生徒指導対応にあたってくれた同僚の先生方。私が未熟だった頃から共に成長を支えてくれた「みゆき会」の坂内智之さんと高橋尚幸さん。荒削りだった私の考えに意見や感想をくださったラボの皆さん。そして、出版について無知だった私を最後まで丁寧に導いてくださった明治図書の茅野現さん。心から感謝申し上げます。そして、どんなときにも私の可能性を信じて励ましてくれた僕の家族。普段口にすることは照れ臭いのですが、ここではきちんと伝えたいと思います。本当にありがとう。

最後に本書を最後までお読みいただいた読者の皆様に深く御礼を申し上げます。皆様の学校の子どもたちが健やかに成長していきますように。願いを込めて。

古田　直之

CDR に入った子の指導の手順について

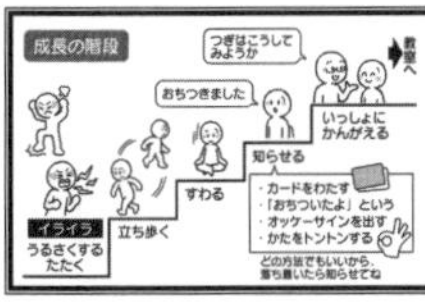

基本的に CDR では「すわる（落ち着く）・知らせる・話し合う」の手順で対話を進めていきます。「落ち着いたら OK」ではなく、必ずその子が起こした問題行動に対する振り返りをしてから教室に戻していきたいと思います。子どもたちの状況にもよるとは思いますが、基本的な流れを以下にまとめておきます。職員間で共通認識をもって、子どもたちの成長のために指導を進めていきましょう！

＜落ち着いている（自分の足で歩ける）場合＞

① 一緒に部屋に入る

② 掲示してある「成長の階段」の掲示を見ながら
「一番上の『いっしょに考える』の所まで登ったら教室にもどろうね」と声をかける。

③ **「すわれるかい？落ち着かないなら歩き回ってもいいよ。落ち着いたらすわってね」**と声をかけて待つ。

④ 落ち着いてきたら**「話ができそう？できそうなら知らせてね」**と声をかけて、じっと待つ。

⑤ その子が落ち着いたことを知らせてきたら
「よく知らせてくれたね。ありがとう。話すのはゆっくりでいいからね」

「今日はなにかいやなことがあったの？先生はその時、そこにいなかったから状況がよくわからないんだ。何があったか教えてくれるかな？」（…話を聞いてあげる）

⑥ 「減点法」で自分の行動を振り返る
「そうだったんだね。ちなみに、今日のケンカで自分に点数をつけるとしたら何点ぐらいかな？０点は全部自分がわるい。１００点なら全然悪くないということだよ」
※右のようなカードを使っています
「でも、今の○○さんの様子を見ると０点じゃない感じがするな。だってすごく正直に話をしてくれたでしょ？」　※この寄り添いの言葉がとても重要です

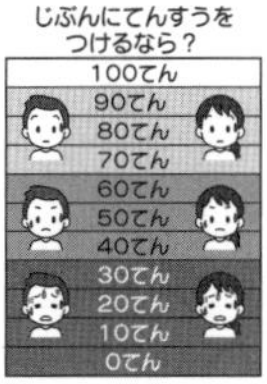

⑦ 点数を引いたわけを聞く（６０点といったなら引いた４０点に目を向ける）
「いやなことをされたのに、点数を引くってすごいね。なかなかできることじゃないよ。ちなみに○○さんはどうして４０点も点数を引いたの？」
※「悪口をいっちゃった」「なぐっちゃった」など引いた理由が言えたらがんばりを認めてあげましょう。

⑧ 謝らなければならない相手がいる場合は謝罪へとつなげる
「そうだったんだね。その引いた点数分はあやまれそう？あやまるのは引いた点数分だけでいいからね」

「困ったら先生も君の気持ちを一緒に伝えてあげるよ。安心してね」
※謝るのは「引いた点数分だけ」というのがポイントです。その子なりの言い分もしっかりと認めながら、謝罪へとつなげていきましょう。先生も味方だよという寄り添いの言葉が重要です。

⑨ 謝罪（担任の先生と行うと効果的）
※口下手で上手に伝えられない可能性があります。
先生が言葉を補いながら、その子の気持ちを一緒に伝えてあげましょう。

⑩ 担任と情報共有
今回のトラブルの原因や CDR での様子、謝罪の状況などを担任の先生にきちんと知らせる。
※今後のためにもしっかりと情報の共有をしましょう！

CDR 指導手順

関係が悪くて話し合いができない場合

関係がこじれている場合は心を込めて謝罪をできない場合が多くあります。このような状況で無理やり謝罪をさせようとしても、ぶすくれながら「ごめん」と言ってしまったり、相手を責めてしまったりして逆に関係を悪化させてしまう場合があります。このように関係が冷え切っている場合は、対面で謝罪をさせずに「ぽかぽか伝言ゲーム」をして、関係を耕してあげましょう。

「ぽかぽか伝言ゲーム」のやり方

別の部屋に連れていき、落ち着くのを待ちましょう

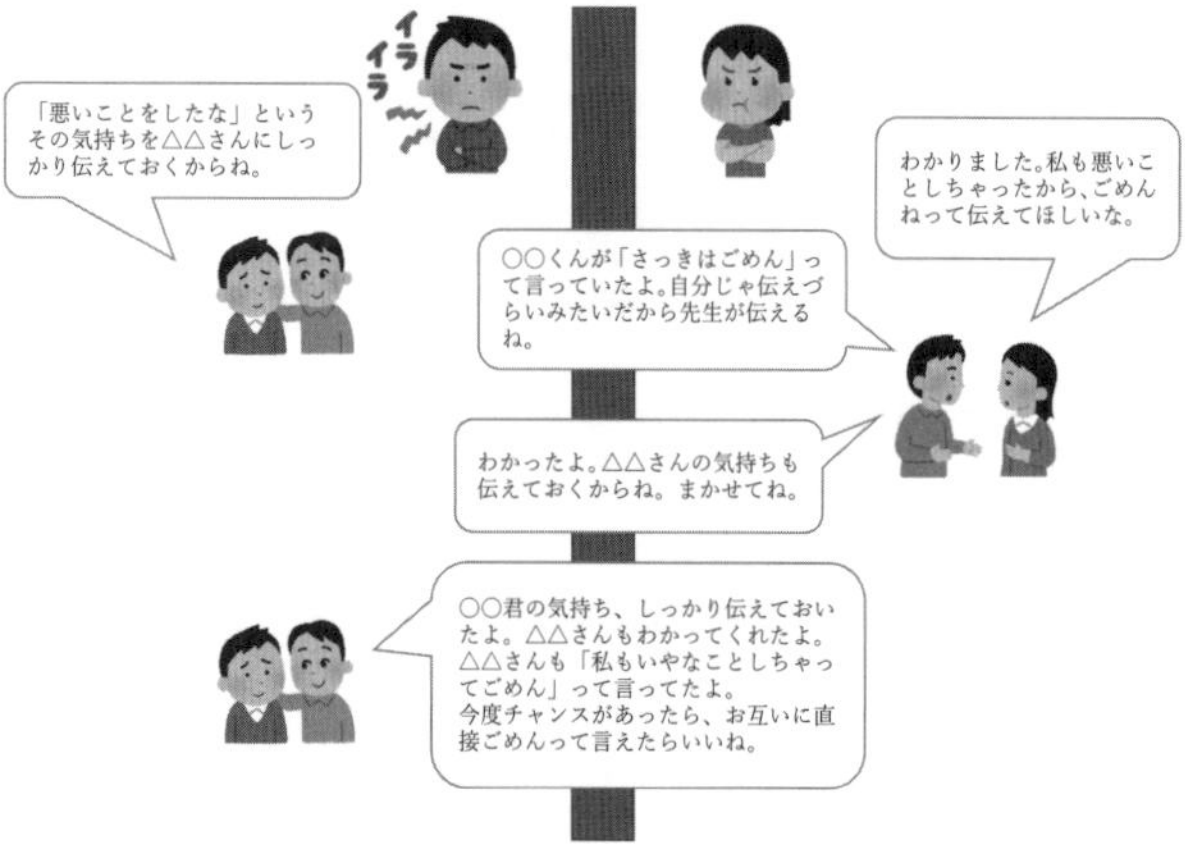

イライラ
「悪いことをしたな」というその気持ちを△△さんにしっかり伝えておくからね。
わかりました。私も悪いことしちゃったから、ごめんねって伝えてほしいな。
○○くんが「さっきはごめん」って言っていたよ。自分じゃ伝えづらいみたいだから先生が伝えるね。
わかったよ。△△さんの気持ちも伝えておくからね。まかせてね。
○○君の気持ち、しっかり伝えておいたよ。△△さんもわかってくれたよ。△△さんも「私もいやなことしちゃってごめん」って言ってたよ。今度チャンスがあったら、お互いに直接ごめんって言えたらいいね。

相手の悪い所を告げ口するのが「とげとげ伝言ゲーム」です。これをすると一気に仲が悪くなりますよね。

（「〇〇ちゃんがこんなこといってたよ」系のトラブルはよくありますよね…。）

それとは逆に**相手の良い所や相手のがんばりを伝えてあげるのが「ぽかぽか伝言ゲーム」**です。

思いを聞き取った先生がその思いを別々に伝えてあげることで、話し合いをしなくても思いを伝え合うことができます。先生が間をとりもってあげることで、先生に対する信頼感や安心感も生まれますね。このような経験を積み重ねていくと、少しずつ関係性が耕されていき、自分で謝罪ができるようになっていきます。

話し合いができないほど仲が悪い時はぜひやってみてください！

ぽかぽか伝言ゲーム

自分の足で歩いて CDR にいけない場合

① 対話を試みる

「3回まで聞くよ。きちんとあやまれそう？それとも落ち着く部屋にいく？」

「3回まで聞くよ。その行動をやめられる？それとも落ち着く部屋にいく？」

「3回まで聞くよ。教室に戻れる？それとも落ち着く部屋にいく？」…など。

※下のようなカードを使用しながら話をしています。

レッドカード：相手にあやまらないといけない時

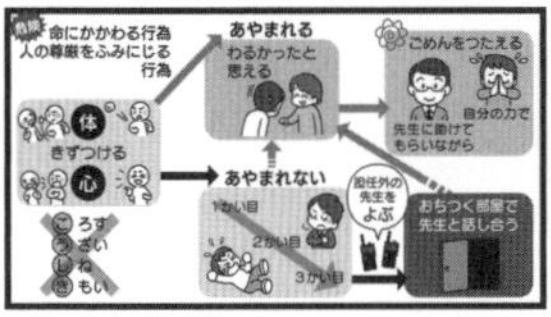

イエローカード：言動をやめさせなければいけない時

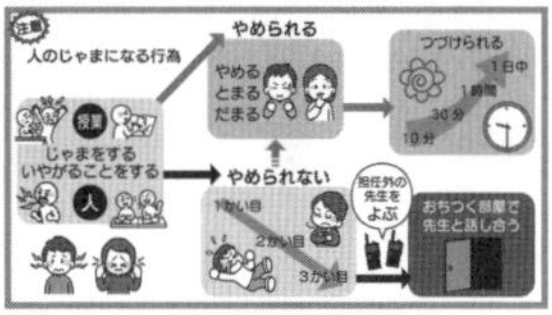

ブルーカード：教室からの飛び出し行為

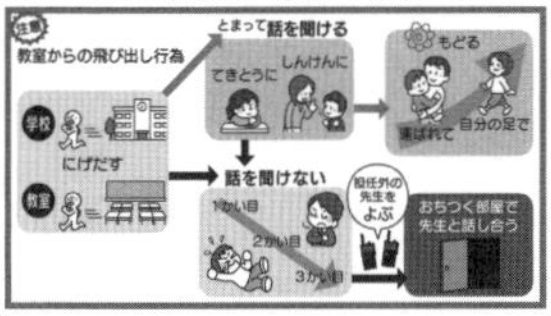

3回試みても だめなら②へ

② 運ぶための応援を呼ぶ（トランシーバー）
※1人で対応せずに必ず複数の目で指導をしましょう。

③ 頭と足をもって、けがのないように CDR に運ぶ
※声をかけ合いながら安全第一で対応しましょう。

④ CDR に入れても落ち着かない場合
＜大声をあげている・うろうろ歩き回っている場合＞
声をあげているだけなので、つかんだり、抑えたりはしないこと
「落ち着こう。歩き回ってもいいよ。すわることができたらいいね」と声をかける。

→落ち着いてきたら前述した＜落ち着いている場合の対応＞にのっとって指導をすすめる。

自分の足で歩けないほど荒れているときの対応

<パニックになって問題行動がおさまらない場合>

CDR 入室後の問題行動例

△暴言—「出せ」「あけろ」「出てけ」「死ね」「消えろ」…などなど
→暴言には基本「無視」で対応します。言い返すとますます落ち着かなくなる場合が多々あります。

△拒否—「お前となんか絶対話さねー！お前と一緒にいたら落ち着くわけがねー」
→この言葉にひるんではだめです。この言葉で交代すると暴れれば目の前の相手が消えてくれるという誤学習につながります。

×暴力—教師の襟首をつかむ、教師をなぐる、蹴る、メガネをたたきおとす…など
×破壊—壁を蹴る、ガラスをたたく、掲示物をやぶる…など
×自傷—自分の腕をなぐる、壁に頭をたたきつける、髪の毛をむしる…など
→このような行為の場合は教師が制止する必要があります。
「それ以上やると止めなくてはいけなくなるよ。危ないからやめよう」

「それはやめよう。もう１回やったら後ろから抑えるよ」

などと対話を試みましょう。

それでも収まらないようなら体育座りをさせて後ろから抱えてホールドします。

※後ろから抱え込む際に注意すること
- 呼吸が苦しくなるほどしめつけない
- 後頭部で頭突きをしてくるので注意！
- つめでひっかいたり、つねったりする場合は手首を優しくつかむ
- 「落ち着こう」「だいじょうぶ」などの言葉をかける

力がゆるんできたら…

「力が抜けてきたね。先生も少しずつ力を抜くよ。さっきみたいに暴れるとまたギュッとしないといけなくなるからやめようね。ゆっくりはなすよー」

と言いながら少しずつ力を抜く。再び暴れる場合はもう１度後ろから抱え込みましょう。


落ち着いたら前述した<落ち着いている場合の対応>にのっとって指導をすすめていきます。
※落ち着けたことを認める言葉をかけてあげたいですね。

※基本的に CDR ではこのような流れで指導をしています。
最終的には担任の先生と一緒に問題行動の振り返りをして
明日からの学校生活へとつなげていこうと思います。ご協力お願いいたします。

パニックになって問題行動がおさまらない場合

【著者紹介】

古田　直之（ふるた　なおゆき）

1981年福島県会津若松市生まれ。福島県公立中学校教諭・同県小学校教諭を経て現在は札幌市小学校教諭。教育研究サークル「FURU☆LABO（ふるらぼ）」代表。授業実践グループ「みゆき会」所属。「学び続ける子どもの育成」をテーマに掲げ，子どもたちが安心して学び続けていける環境づくりを目指して日々実践を重ねている。令和５年度から児童生徒支援担当・生徒指導主任として，困りを抱える子どもたちの援助を行なっている。第35回東書教育賞優秀賞・第17回ちゅうでん教育大賞奨励賞など受賞歴多数。著書に『子どもの書く力が飛躍的に伸びる！学びのカリキュラム・マネジメント』（学事出版）

note →

教室の荒れ・問題行動対応ガイド

2024年６月初版第１刷刊　©著　者　古　田　直　之
2024年10月初版第４刷刊　発行者　藤　原　光　政
発行所　明治図書出版株式会社
http://www.meijitosho.co.jp
（企画）茅野　現（校正）中野真実
〒114-0023　東京都北区滝野川7-46-1
振替00160-5-151318　電話03(5907)6702
ご注文窓口　電話03(5907)6668

＊検印省略　組版所　株式会社木元省美堂

Printed in Japan　ISBN978-4-18-187211-3

もれなくクーポンがもらえる！読者アンケートはこちらから
→